四川师范大学学术著作出版基金资助
四川省哲学社会科学基金项目（项目编号：SCJJ23ND160）

政策执行效果审计的
理论与实践研究

郑伟宏◎著

中国社会科学出版社

图书在版编目（CIP）数据

政策执行效果审计的理论与实践研究 / 郑伟宏著. --北京：中国社会科学出版社，2024.9. -- ISBN 978-7-5227-3744-7

Ⅰ．F239.44

中国国家版本馆 CIP 数据核字第 20248NH337 号

出 版 人	赵剑英
责任编辑	刘晓红
责任校对	周晓东
责任印制	戴　宽
出　　版	中国社会科学出版社
社　　址	北京鼓楼西大街甲 158 号
邮　　编	100720
网　　址	http：//www.csspw.cn
发 行 部	010-84083685
门 市 部	010-84029450
经　　销	新华书店及其他书店
印　　刷	北京君升印刷有限公司
装　　订	廊坊市广阳区广增装订厂
版　　次	2024 年 9 月第 1 版
印　　次	2024 年 9 月第 1 次印刷
开　　本	710×1000　1/16
印　　张	14
字　　数	218 千字
定　　价	79.00 元

凡购买中国社会科学出版社图书，如有质量问题请与本社营销中心联系调换
电话：010-84083683
版权所有　侵权必究

摘　要

受国际金融危机的影响，我国 GDP 增长率从 2007 年的 14.2%下降到 2012 年的 7.9%，再到 2015 年的 6.9%。进入 2013 年，在国际经济形势严峻、国内经济结构性问题突出的背景下，我国经济发展面临巨大的下行压力，同时表现出制造业产能过剩、房地产行业高库存、新增投资下滑等现象，经济稳增长被放在更加重要的位置。2013 年下半年，中共中央、国务院出台了一系列围绕稳增长、促改革、调结构、惠民生的政策措施。但行政权本身"自我制约"能力不足，政策执行存在"上有政策、下有对策"等问题，严重阻碍了对经济稳定增长和转型升级应有的促进作用。2014 年，国务院印发《国务院关于加强审计工作的意见》，要求发挥审计工作促进国家重大决策部署落实的保障作用，审计机关于 2015 年起在全国范围内全面开展政策执行效果审计（实践中称"政策落实跟踪审计"）。2018 年，中央审计委员会第一次会议明确指出加大该项审计工作力度，并在《"十四五"国家审计工作发展规划》中做了重点部署和安排。2023 年 5 月 23 日，召开了二十届中央审计委员会第一次会议，中共中央总书记、国家主席、中央军委主席、中央审计委员会主任习近平指出审计机关应深入学习贯彻党的二十大精神，完整、准确、全面贯彻新发展理念，加大对重大项目、重大战略、重大举措落实落地情况的监督力度，把党中央决策部署贯彻好、落实好。

可见，党和国家高度重视政策执行效果审计，审计实践的发展也对审计理论研究提出了强烈需求。但政策执行效果审计属于新型的审计模式，尚缺乏深入的理论与实践方面的系统研究。本书从新公共管理理论、国家治理理论、公共受托经济责任观和信息经济学理论出发，构建政策执行效果审计的基础理论与应用理论，分析政策执行效果审计实践并提出完善策略。由于2020年暴发的新冠疫情对审计实践工作造成较大影响，本书分析政策执行效果审计实践工作的时间范围为2015—2020年。

本书分为十章展开研究：

第一章是导论，主要包括研究背景、研究意义、文献综述、研究内容与研究方法、研究思路与研究框架、研究的主要创新与贡献。

第二章是制度背景，主要阐述从2008年国际金融危机开始，在国内外严峻的经济形势下，2013年下半年一系列重大经济政策制定与执行的制度背景；阐述自2014年起国务院要求开展政策执行效果审计的制度背景与制度发展。

第三章是政策执行效果审计的基础理论与应用理论。从新公共管理理论、国家治理理论出发，基于公共受托经济责任观和信息理论，探讨政策执行效果审计的概念与内涵、审计目标、审计内容、审计本质。进一步结合政策科学理论的政策评价路径、政策评价模式和政策评价标准，结合重大经济政策流程确定评价内容，构建政策执行效果审计评价指标体系。通过史密斯的政策执行过程理论，在认识了政策执行偏差主要因素的基础上探讨政策执行效果审计的风险评估与审计流程。探讨政策执行效果审计的结果报告内容和报告形式。指出政策执行效果审计的结果报告应当由标准化内容和详细内容构成；对政策执行效果审计的结果报告形式应当进行规范，包括报告的编写规范和发布规范。

第四章是政策执行效果审计实践的总体情况，包括中央和地方审计机关的总体开展情况、中央和地方政策执行效果审计的内容分布及内容对比分析、政策执行效果审计与政府经济工作重心的关联情况。系统整理2015—2020年审计署发布的审计结果公告28份，2015—2019年31个省份地方政府审计工作报告155份，按照国务院下发的审计工作方案，将审计内容划分为18项主要政策，进而分析这些政策被审计关注的情况。分析发现：①中央与地方的审计机关都重点关注了契合我国战略部署与经济工作重心的简政放权类、精准扶贫类、生态环保类和涉农类重大政策；经济增长"新常态"背景下，中央和地方审计机关都重点关注了重点项目推进、存量资金盘活与棚户区改造等稳增长相关政策。②与地方审计机关相比，审计署更多关注具有生态效益的环保政策、具有社会效益的简政放权相关政策、重点项目推进与存量资金盘活等稳增长政策。③地方审计机关能够发挥审计自主性，重点关注地方特色政策服务于地方政府及地方经济发展。④政策执行效果审计内容与政府经济工作重心具有高度一致性。

第五章环保政策执行效果审计实践、第六章涉企审批政策执行效果审计实践、第七章减税降费政策执行效果审计实践和第八章扶贫政策执行效果审计实践，是对四项重要的经济政策审计实践展开分析。分别从环保政策审计、涉企审批政策审计、减税降费政策审计与扶贫政策审计的视角，分析其审计对象、审计内容、审计评价与审计效用等要素特征。系统梳理审计实践：环保政策审计199项、涉企审批政策审计180项、减税降费政策审计464项、扶贫政策审计504项。分析发现：

（1）各项具体的政策审计均重点关注政策执行过程，尤其是政策性项目（资金）、政策落实过程管理；较少关注政策实施结果；很少关注政策措施本身。

（2）具体的审计评价中，均重点关注合法合规性、及时性和完成度（未完成）；部分关注到政策执行机制问题、政策性项目（资金）或政策结果的效果性问题、政策享用与惠及群体合理性问题；极少涉及对政策执行主体的执行力评价，政策享用与惠及群体的政策回应度评价，公共资源配置的合法性、及时性与效果性评价，政策实施完成结果的经济性与效率性评价，政策措施的制定充分性、公平性与适当性评价。

（3）将审计对象按政策执行主体进行划分，发现环保政策审计和扶贫政策审计揭示的问题，没有明确其责任人，即没有精准揭示具体的执行部门或单位，只笼统划分至不同层级的政府。

（4）不同政策在实施时，不同层级的政策执行主体责任定位不同。环保和扶贫政策审计揭示的问题责任人主要涉及县级政府或行政部门；涉企审批和减税降费政策审计揭示的问题主要集中在省级或市级的政府部门。

（5）审计机关在使用政策条文作为评价标准时，使用了较多内容更细化、指标量化程度更高的政策，且对应揭示评价的问题也更具体详细。反之，条文未细化、没有量化指标的政策，审计对应揭示的问题较少。

（6）从审计效用发挥来看，整改主要是就问题改问题，没有从制度优化、流程控制等角度进行完善；并且审计公告中披露的整改情况并未与前期揭示情况相对应，未能体现连续性跟踪监督，透明性不足。

（7）审计结果公告中对审计内容和审计问题的分类披露，存在归类划分不明确、不统一的情况。如相似内容在部分公告中归类为易地扶贫搬迁，在其他公告中列示为项目推进缓慢的内容，两者的内容描述存在重合与交叉，可能影响整体报告的可读性。

（8）从审计揭示出来的问题规律来分析，可以启发和促进审计的进一步深化。如：涉企审批和减税降费政策审计揭示的问题主要集中在省级或市级，除问题本身外，是否还表明可能存在"审批权限未充分下放"的问题？即涉企审批权限尚未按规定下放，才导致审计未能发现更低层级的审批问题。如：减税降费审计发现较多的依托权力违规收费显性问题，而应减免未减免、转嫁费用等隐性问题发现较少。这是否还表明审计对隐性的违规问题关注不足，需进一步深化？

第九章是政策执行效果审计的完善策略，主要基于政策执行效果审计的理论与实践分析，从政策评价视角、政策关系人视角、政策类型视角和经济体检视角提出了政策执行效果审计的完善策略。①从政策评价视角，分别针对政策执行过程、政策实施结果和政策措施本身的审计评价提出完善策略。②从政策关系人视角，分别基于政策责任人和政策受益人提出审计完善策略。③从政策类型视角，分别区分是否依托项目（资金）类政策提出审计完善策略，区分是否对受益人产生直接效益类政策提出审计完善策略，区分是否政策条文详细具体类政策提出审计完善策略。④从经济体检视角，分别从发挥"查病"作用、发挥"治已病"作用和发挥"防未病"作用三个方面提出审计完善策略。

第十章是研究结论。主要阐述了四个方面的主要结论：第一，政策执行效果审计基础理论与应用理论体系；第二，政策执行效果审计实践的总体情况；第三，四项重大政策审计的实践情况；第四，政策执行效果审计的完善策略。

本书研究的主要创新和贡献体现在以下几个方面：

（1）系统性地研究了政策执行效果审计理论体系，包括基础理论和应用理论。综合引入政策评估理论与审计基础理论，同时将理论与实践结合，吸纳实践元素，创新性地提出在政策执行效果审计评价体系中增加"政策实施结果的完成度评价"，体现跟踪审计的特点。

（2）本书创新性地提出：针对政策措施本身的审计评估应当是一种"反馈评估"。即审计并非在政策实施前进行评估，而是在政策实施后，在完成政策执行及政策结果审计评价的基础上，评估分析导致政策落实及效果问题的深层次制度性或机制层面的原因，进而反馈分析结果。为利益相关者提供决策所需信息，发挥审计的宏观管理职能。

（3）本书系统完整地梳理政策执行效果审计的评价实践，指出实践中应基于理论评价体系，增加对政策执行主体的执行力评价、对政策享用与惠及群体的政策回应度评价。同时完善公共资源配置、政策实施完成结果与政策措施制定的相关评价。

（4）本书研究从政策评价视角、政策关系人视角、政策类型视角与经济体验视角等方面提出政策执行效果审计的完善策略。基于政策执行效果审计的实践分析与提炼，完善理论评价体系，同时针对性地提出完善策略，解决实质性应用问题。

关键词：政策执行效果审计；基础理论与应用理论；审计评价体系；实践分析；完善策略

Abstract

Affected by the international financial crisis, China's GDP growth rate dropped from 14.2% in 2007 to 7.9% in 2012, to 6.9% in 2015. In 2013, in the context of the severe international economic situation and the prominent structural problems of the domestic economy, China's economic development was facing tremendous downward pressure which along with exhibited overcapacity in the manufacturing industry, high inventories in the real estate industry, and decline in new investment. Growth is placed in a more important position. In the second half of 2013, the Central Committee of the Communist Party of China and the State Council issued a series of policy measures focusing on stabilizing growth, promoting reform, adjusting structure, and benefiting people's livelihood. 90% of the policy objectives depends on the effective implementation. However, organs of a state power lack the ability of "self-restraint". During the implementation of the policy, many problems have seriously been hindering the implementation of the policy. In 2014, the State Council issued the "Opinions of the State Council on Strengthening Auditing Work", which required that auditing be used to promote the implementation of major national decision-making deployments. The audit work had been carried out nationwide from 2015. The first meeting of the Central Audit Committee in 2018 clearly pointed out that it should strengthen the follow-up audit of the implementation of major policies and measures of the Party Central Committee, and made key deployments and arrangements in the "Fourteenth Five-Year" National Audit Work Development Plan. It can be seen that the party and the state attach great importance to the policy implementation audit, and the development of auditing practice puts forward a strong demand for auditing theoretical research. However, policy implementation audit is a new type of audit mode, there is still a lack of in-depth systematic normative research and effective empirical research. Starting from the new public management theory, national governance theory, public entrusted economic responsibility view and information economics theory, this book constructs a theoretical evaluation system of policy implementation audit, analyzes the practical status of policy implementation audit, and puts forward improvement strategies.

This book is divided into ten chapters:

The first chapter mainly includes the research background, research significance, literature review, research content and research methods, research ideas and research framework, main viewpoints and innovations.

The second chapter is the institutional background, which mainly expounds the institutional background of the formulation and implementation of a series of major economic policies in the second half of 2013 under the severe economic situation at home and abroad since the international financial crisis in 2008; This book expounds the positioning, institutional changes of the government audit since the 18th National Congress, as well as the institutional background of policy implementation audit required by the State Council since 2014.

The third chapter focuses on the theoretical basis and evaluation system of policy implementation audit. Starting from the new public management theory and national governance theory, based on the concept of public entrusted economic responsibility and information theory, this research report discusses the theoretical basis of policy implementation audit. Further combine the policy evaluation path, policy evaluation model and policy evaluation standard of policy science theory, determine the evaluation content in combination with major economic policy processes, and construct the evaluation index system of policy implementation audit.

Abstract

The fourth chapter analyzes the overall situation of policy implementation audit, including the overall development of central and local audit institutions, the overall characteristics of policy implementation audit, the content distribution and comparative analysis of central and local policy implementation audit, and the relationship between policy implementation audit and the focus of government economic work. Systematically sort out 28 audit result announcements issued by the National Audit Office in 2015-2020 and 155 audit work reports of 31 provincial local governments in 2015 - 2019. According to the audit work plan issued by the State Council, the audit content is divided into 18 major policies. We analyze the audit of these policies. The analysis found that: ①The central and local audit institutions have both focused on the major policies of streamlining administration and decentralization, targeted poverty alleviation, ecological environmental protection and agriculture related, which are in line with China's strategic deployment and economic work focus; In the context of the "new normal" of economic growth, the central and local audit institutions have focused on policies related to steady growth, such as the promotion of key projects, the revitalization of stock funds and the transformation of shantytowns. ②Compared with local audit institutions, the National Audit Office pays more attention to environmental protection policies with ecological benefits, policies related to simplification and decentralization with social benefits, and steady growth policies such as promotion of key projects and revitalization of stock funds. ③Local audit institutions focus on policies with local characteristics serving local governments and local economic development. ④The content of policy implementation audit is highly consistent with the focus of government economic work.

Chapter five to chapter eight respectively analyze the practice of four important economic policy audits. From the perspective of environmental protection policy audit, enterprise related approval policy audit, tax reduction and fee reduction policy audit and poverty alleviation policy audit, this book analyzes the characteristics of the policy implementation audit about audit object, audit content, audit evaluation and audit effectiveness. Systematically sort out the audit evaluation practice: 199 audit evaluations of environmental protection policies, 180 audit evaluations of enterprise related approval policies, 464 audit evaluations of tax reduction and fee reduction policies, and 504 audit evaluations of poverty alleviation policies. Analysis found that:

(1) Each specific policy audit focuses on the policy implementation process, especially the management of policy projects (funds) and policy implementation process; Pay less attention to the results of policy implementation; Little attention is paid to the policy measures themselves.

(2) The specific audit evaluation of each specific policy audit focus on the legality, compliance, timeliness and completion (incomplete); Pays some attentions on the policy implementation mechanism, the effectiveness of policy projects (funds) or policy results, and the rationality of policy enjoyment and benefit groups; It rarely involves the evaluation of the executive power of the policy implementation subject, the evaluation of the policy responsiveness of the policy enjoyment and benefit groups, the evaluation of the legitimacy, timeliness and effectiveness of the allocation of public resources, the evaluation of the economy and efficiency of the policy implementation results, and the evaluation of the adequacy, fairness and appropriateness of the formulation of policy measures.

(3) The audit objects are divided according to the policy implementation subjects. It is found that the problems revealed by the environmental protection policy audit and poverty alleviation policy audit do not clarify their responsible persons, that is, they do not accurately reveal the specific implementation departments or units, but are generally divided into different levels of government.

(4) When different policies are implemented, the responsibility orientation of policy implementation subjects at different levels is different. The person responsible for the problems revealed in the audit of environmental

protection and poverty alleviation policies mainly involves the county-level government or administrative department; The problems revealed by the audit of enterprise related approval of poverty alleviation policies and tax reduction and fee reduction policies are mainly concentrated in provincial or municipal government departments.

(5) When using policy provisions as evaluation criteria, audit institutions use more policies with more detailed content and high degree of quantification of indicators, and the corresponding problems revealed in evaluation are also more specific and detailed. On the contrary, for policies without detailed provisions and quantitative indicators, the audit reveals few problems.

(6) From the perspective of audit effectiveness, it is only to rectify the revealed problems; It has not been improved from the perspective of system optimization and process control; Moreover, the rectification disclosed in the audit announcement did not correspond to the previous disclosure, failed to reflect the continuous tracking and supervision, and lacked transparency.

(7) The classified disclosure of audit contents and audit issues in the announcement of audit results is not clear and unified. For example, similar contents are classified as relocation for poverty alleviation in some announcements and slow progress of the project in other announcements. The content of the two overlaps, which may affect the readability of the overall report.

(8) Analyzing the law of problems revealed by audit can inspire and promote the further deepening of audit. For example, the problems revealed in the audit of enterprise related approval and tax and fee reduction policies are mainly concentrated at the provincial or municipal level. In addition to the problem itself, does it also indicate that there may be the problem of "insufficient decentralization of approval authority"? That is, the approval authority of enterprises has not been delegated as required, which leads to the failure of the audit to find lower-level approval problems. For example, the audit of tax and fee reduction found more explicit problems of illegal charges relying on power, but less implicit problems such as non-reduction

and transfer of expenses. Does it also indicate that the audit pays insufficient attention to hidden violations and needs to be further deepened?

Based on the evaluation and analysis of the current situation of theory and practice, the ninth chapter puts forward the improvement strategies of policy implementation audit from the perspective of policy evaluation, policy stakeholders, policy types and "economic physical examination". ①From the perspective of policy evaluation, this book puts forward improvement strategies for the audit evaluation of policy implementation process, policy implementation results and policy measures themselves; ② From the perspective of policy stakeholders, this book puts forward audit improvement strategies based on policy principals and policy beneficiaries respectively; ③From the perspective of policy types, this book puts forward audit improvement strategies based on: whether basing on project (Fund) policies, whether producing direct benefits to beneficiaries, whether basing on detailed policy provisions; ④From the perspective of "economic physical examination", this book puts forward audit improvement strategies from three aspects: giving play to the role of "checking diseases", "treating diseases" and "preventing diseases".

Chapter 10 is the research conclusion. It mainly expounds the main conclusions from four aspects: construct the theoretical evaluation system of policy implementation audit; the overall situation analysis of policy implementation audit; the analysis of the practice of the four major policy audits; the improvement strategy of policy implementation audit.

The main innovations and contributions of this study are reflected in the following aspects:

(1) This book systematically studies the theoretical evaluation system of the policy implementation audit. Comprehensively introducing the policy evaluation theory and the basic audit theory, combining the theory with practice, absorbing the practical elements in the theoretical framework, we creatively propose to add the "completion evaluation of policy implementa-

tion" to the evaluation system of policy implementation audit. This evaluation index can reflect the characteristics of follow-up audit.

(2) We make the innovative proposal of this research: the audit evaluation of the policy measures itself should be a kind of "feedback evaluation". That is, the audit is not evaluated before the implementation of the policy, but after the implementation of the policy. Auditors feed back the analysis results, after the completion of the policy implementation and policy results on the basis of audit evaluation, which evaluating and analyzing the deep-level institutional or mechanism-level reasons that lead to policy implementation and effect problems. Provide the information needed for decision-making, and give full play to the macro-management function of auditing.

(3) This research is the first to sort out the evaluation practice of the policy implementation audit systematically and completely. It points out that in practice, it should be based on the theoretical evaluation system to increase the evaluation of the executive power of the policy implementation subjects, the policy response evaluation of the group of the policy enjoyment and the benefits. At the same time, we will improve the evaluation of the allocation of public resources, the results of policy implementation and the formulation of policy measures.

(4) This study puts forward the improvement strategies of policy implementation audit for the first time from the perspective of policy evaluation, policy stakeholders, policy types and "economic physical examination". Based on the practical analysis and refinement of the evaluation of policy implementation audit, improve the theoretical evaluation system, and put forward improvement strategies to solve substantive application problems.

Key Words: Policy Implementation Audit; Basic Theory and Applied Theory; Audit Evaluation System; Analysis of Audit Practice; Improvement Strategy

目　录

第一章　导论 ……………………………………………………… 1

　第一节　研究背景与研究意义 ………………………………… 1
　第二节　文献综述 ……………………………………………… 4
　第三节　研究内容与研究方法 ………………………………… 12
　第四节　研究思路与研究框架 ………………………………… 14
　第五节　研究的主要创新与贡献 ……………………………… 16

第二章　制度背景 ………………………………………………… 17

　第一节　重大经济政策的制度背景 …………………………… 17
　第二节　政策执行效果审计的制度背景 ……………………… 20
　第三节　开展政策执行效果审计的必要性和持续性 ………… 23

第三章　政策执行效果审计的基础理论与应用理论 …………… 26

　第一节　政策执行效果审计的理论基础 ……………………… 26
　第二节　政策执行效果审计的基础理论 ……………………… 29
　第三节　政策执行效果审计的应用理论 ……………………… 38

第四章　政策执行效果审计实践的总体情况 …………………… 54

　第一节　政策执行效果审计的总体开展情况 ………………… 55
　第二节　政策执行效果审计的内容分布情况 ………………… 58
　第三节　政策执行效果审计与政府经济工作重心的
　　　　　关联情况 …………………………………………… 67

1

第五章　环保政策执行效果审计实践 ………………………… 70
第一节　环保政策审计的审计对象 …………………………… 71
第二节　环保政策审计的审计内容 …………………………… 82
第三节　环保政策审计的审计评价 …………………………… 86
第四节　环保政策审计的效用发挥 …………………………… 92

第六章　涉企审批政策执行效果审计实践 …………………… 95
第一节　"放管服"政策审计的总体情况 …………………… 96
第二节　涉企审批政策审计的审计对象 ……………………… 98
第三节　涉企审批政策审计的审计内容 ……………………… 109
第四节　涉企审批政策审计的审计评价 ……………………… 112
第五节　涉企审批政策审计的效用发挥 ……………………… 115

第七章　减税降费政策执行效果审计实践 …………………… 120
第一节　减税降费政策审计的审计对象 ……………………… 121
第二节　减税降费政策审计的审计内容 ……………………… 128
第三节　减税降费政策审计的审计评价 ……………………… 133
第四节　减税降费政策审计的效用发挥 ……………………… 137

第八章　扶贫政策执行效果审计实践 ………………………… 142
第一节　扶贫政策审计的审计对象 …………………………… 142
第二节　扶贫政策审计的审计内容 …………………………… 149
第三节　扶贫政策审计的审计评价 …………………………… 154
第四节　扶贫政策审计的效用发挥 …………………………… 158

第九章　政策执行效果审计的完善策略 ……………………… 164
第一节　政策执行效果审计的实践与不足 …………………… 164
第二节　政策执行效果审计的完善策略构建 ………………… 176

第十章 研究结论 ········· 186

    第一节 政策执行效果审计的基础理论与应用理论 ········· 187

    第二节 政策执行效果审计实践的总体情况 ········· 187

    第三节 四项重大政策执行效果审计的实践情况 ········· 188

    第四节 政策执行效果审计的完善策略 ········· 190

附 录 ········· 193

参考文献 ········· 196

第一章

导 论

第一节 研究背景与研究意义

一 研究背景

党的十八大以来，以习近平同志为核心的党中央把审计监督作为权力制约和监督体系的重要组成部分，高度重视审计发挥的重要作用。党的十八届四中全会强调完善审计制度，依法独立行使审计监督权，实行审计全覆盖。2014年，国务院印发《关于加强审计工作的意见》，要求审计推动国家重大决策部署和有关政策措施的贯彻落实，更好地服务改革发展。2015年，中办、国办印发了《关于完善审计制度若干重大问题的框架意见》，要求实行审计全覆盖。党的十九大报告提出"改革审计管理体制"，党的十九届三中全会审议通过《深化党和国家机构改革方案》，进一步明确：为加强党中央对审计工作的领导，构建集中统一、全面覆盖、权威高效的审计监督体系，审计作用的发挥受到党和国家的高度重视。

受2008年国际金融危机的持续影响，我国经济增长乏力，面临巨大的下行压力。2015年国内生产总值同比增长6.9%，首次跌破7%，同时表现出制造业产能过剩、房地产行业高库存、新增投资下滑等现象，且我国制造业在全球产业中处于中低端位置，迫切需要转型升级。党的十八届五中全会指出，"十三五"时期必须坚持以经济建设为中心，保持经济中高速增长，推动实现更高质量、更有效率、更加公平、更可持续的发展。因此，面对复杂的国际国内经济形势，国务院自2013年下半年起，出台了一系列稳增长、促改革、调结构、惠民生的政策措施。进一步，2015年提出了"供给侧结构性改革"，改革内容也同样包括一揽子政策目标、政策对象和政策手段。

我国重大经济政策在执行过程中"光打雷，不下雨""上有政策、下有对策"的情况时有发生，使政策实施力度不到位、效果不明显，严重阻碍了政策对经济稳定增长和转型升级应有的促进作用。由此，2014年的《国务院关于加强审计工作的意见》要求审计保障和促进国家重大决策部署的落实，要求国家审计机关通过政策执行效果审计来保障一系列稳增长、促改革、调结构、惠民生等重大经济政策的落实，即实践中简称的"政策落实跟踪审计"。2015年5月，审计署办公厅印发《国家重大政策措施和宏观调控部署落实情况跟踪审计实施意见（试行）》，进一步规范政策落实跟踪审计。审计实践中，审计署已于2015年5月起发布政策落实跟踪审计结果公告。

从国际发展来看，越来越多的国家最高审计机关对经济政策执行进行审计。2004年，美国审计署更名为美国政府责任署（Governmental Accountability Office，GAO），从重点关注财政收支的合规性和公共资金的效益性，转向审计公共政策执行的效果；法国、印度最高审计机关会对经济政策进行评价，并向政府提出完善和改进政策的建议；加拿大、德国和澳大利亚最高审计机关会对政策执行情况进行审计，但不对政策进行评价；俄罗斯会根据审计调查结果，对预算立法等提出完善建议。

综上所述，在经济形势对保障重大政策有效执行提出强烈需求，国际国内出现政策执行效果审计理念，特别是在我国审计实践大力开展的背景下，亟须对政策执行效果审计的理论与实践进行研究，保障重大政策贯彻落实。本书研究的政策执行效果审计，即实践中的"政策落实跟踪审计"，指国家审计机关根据一定的标准对政策的执行及效果进行审查和评价，是绩效审计的一种创新形式。

二 研究意义

理论界和实务界已对政策执行效果审计的重要性达成共识，已有较多研究探讨了政策执行效果审计的理论依据、审计目标、定义概念、内涵、功能、范围内容、特点、重点、审计风险、审计程序等基础的要素问题，但仍缺乏系统的理论联系实践的政策执行效果审计研究。

（一）理论意义

（1）对审计理论创新发展的有效弥补。本书系统研究关于经济政策执行效果审计的理论体系（基础理论与应用理论），将弥补审计理论研究中关于政策执行效果审计方面的不足。同时，本书研究拓展了公共受托经济责任的内涵，是对政策执行效果审计实践的理论创新，该理论体系的研究将完善审计确保受托经济责任的全面有效履行。

（2）本书研究引入政策评估理论，结合新公共管理理论、国家治理理论、公共受托经济责任观和信息理论，并基于政策执行效果审计的实践，深入探讨政策执行效果审计的评价体系与评价标准，弥补审计理论研究中关于政策执行效果审计评价方面的不足。

在政策执行效果审计理论研究的基础上，本书还针对政策执行效果审计实践，选择环保政策审计、涉企审批政策审计、减税降费政策审计和扶贫政策审计，对其主要的审计要素进行理论提炼与分析，包括审计对象、审计内容、审计评价和审计效用等。

（二）实践意义

（1）有效指导政策执行效果审计的实践活动，促进审计充分发挥效用。本书研究对实践应用中的审计评价标准、审计评价指标体系等关键问题进行深入探讨，构建的审计评价体系可以有效指导实践，促进审计功能发挥。通过对政策执行效果审计的实践分析，认识实践的特点以及存在的不足，完善审计实践应用。

（2）促进审计机关发挥"宏观管理职能"，为政府提供有效的决策所需信息。如研究发现审计揭示的大都是"简政"问题，而没有"放权"问题，是因为没问题，还是审计未重点关注？涉企审批发现的问题主要集中在省级，是因为市与县的审批没有问题，还是因为市与县的审批权太少，未放权？这些问题应进一步深入分析解决。

政策制定和执行部门可以根据审计揭示问题的分布情况，对问题较多的部分进行集中整治，进一步引导其对深层次的体制机制问题进行分析，进而自我纠偏，促进政策有效落实。

社会公众能够通过本成果，更充分地了解目前重大经济政策的落实情况，政策执行效果审计的开展情况，以及其效用发挥的情况，为社会公众积极有效参与社会管理提供支持。

第二节　文献综述

国家审计机关是开展政策评价的主体之一，已有较为丰富的政策评价相关研究。政策执行效果审计是绩效审计的一种创新形式，其研究属于新兴领域，研究文献相对较少，故本书研究的文献综述主要从政策执行效果审计、政策执行与政策评估等方面展开。

一　政策执行效果审计的相关研究

2014年10月，《国务院关于加强审计工作的意见》要求审计发挥促进国家重大决策部署落实的保障作用。相关方面的理论研究已于2011年开始探讨，直至该审计创新形式的落实开展，并持续至今。本书将已有研究划分为两个方面：国外政策审计评价与比较研究、政策执行效果审计理论与实务研究。

（一）国外政策审计评价与比较研究

美国的公共政策审计评估已开展了近百年，国际比较研究可以为我国审计机关提供更多的经验借鉴。美国审计总署（GAO）2004年更名为美国政府责任署（Governmental Accountability Office，GAO），工作重点逐步转向公共政策执行效果审计。2009年美国政府推出"经济复苏法案"和"不良资产救助计划"。同时，GAO立即对新颁布政策进行审计评估，仅2009年4月至2010年4月就公布了1675份审计报告。现在的美国审计署仍然经常需要评价政策执行的效果，并根据审计证据提出政策建议。

法国审计法院的四个使命之一是评价经济政策对社会经济的影

响；印度最高审计机关在审计报告中说明政策对经济的影响，同时指出政府应根据审计意见调整政策；加拿大最高审计机关对政策实施情况进行审计，但不对经济政策进行评价；德国和澳大利亚最高审计机关审计政策的合理性和影响，但不做评判；俄罗斯联邦审计院的审计目的是为完善预算立法制定提案；日本审计院不对政策本身进行评价，只对审计发现的不妥进行报告；英国审计署不评价具体政策，不就政府工作中某些具体决策内容出谋划策。

美国审计署的公共政策审计评估在美国国会和联邦发挥了重要作用。李越冬等（2015）指出最高审计机关能够有助于改善财政政策的绩效。付宏琳（2016）分析了美国"复苏与再投资法案"执行情况的跟踪审计，指出我国审计机关应借鉴其经验。张军等（2017）指出中美两国都开展了政策审计，服务于国家治理。两国的审计机关定位、审计内容、审计方法等存在不同，应充分借鉴美国政府的丰富经验。郭丹和王芳（2016）对美国的公共政策绩效审计特点进行总结提炼，包括立法模式保障性、审计程序的规范性、审计方法的科学性、评价的定量客观性等。张强（2014）探讨了美国审计署开展政策审计，参与国家治理的路径和措施。

（二）政策执行效果审计理论与实务研究

1. 政策执行效果审计的基础要素

有关政策执行效果审计的基础要素研究主要包括理论依据、目标、定义概念、内涵、模式、功能、范围内容、特点、重点、审计风险、审计程序等问题。

徐震（2012）认为新公共管理理论为公共政策审计评估的理论和实践奠定了基础。蔡春等（2016）指出以公共受托经济责任观作为政策执行效果审计的理论依据。

关于政策执行效果审计目标的讨论，主要包括促进实现国家的五年规划、服务于国家治理、着眼于地方与国家的战略对接、保障和促进政府公共受托经济责任的全面有效履行等。陈尘肇（2011）指出"十二五"的规划主线是转变经济发展方式，审计机关应以促进转变经济发展方式的相关政策执行为目标进行审计。王姝（2012）分析并指出公共政策审计服务于国家治理。其服务路径主要体现在五个方面：监督保障公共政策的执行和落实、为政府提供政策制定的信息和咨询并提升其政策能力、制约权力运行保障实现政策目标、通过公共政策绩效评价推动建立责任政府、提升政策开放性促进社会民主。曾稳祥（2012）分析国家审计的基本职能和我国政策评估审计现状，指出政策评估审计可以有效地推动和完善国家治理，并从政策评估审计的操作模式、政策评估审计的方法等角度提出完善建议。付忠伟等（2015）从辽宁省的东北振兴政策执行审计出发，指出应突出政策目标，着眼于地方与国家战略精准对接，从关注政策常规落实到主动及创造性落实，从单项政策落实到整体协调推进等。蔡春等（2016）指出保障和促进政府公共受托经济责任全面有效履行是政策执行效果审计的本质目标，而具体目标是分析评估政策的执行是否实现了既定意图以及保障政策实施的要求是否落实。

刘波（2016）指出政策措施落实跟踪审计的实质是绩效审计。王勇（2012）认为公共政策审计是从形式、事实和价值三个维度对公共政策、公共政策系统、公共政策过程和公共政策结果进行的监督、评价、建议咨询等审计活动。李晗和何利辉（2017）研究分析了政策跟踪审计的显著特点。

2. 审计机制视角的理论探讨

已有研究围绕政策传导机制，分析审计实践中的问题，有针对性地构建政策执行效果审计机制。

岳崴和张强（2020）从普惠金融的政策传导机制角度，构建了普惠金融政策审计的运行机制，包括构建审计的纵向和横向协同机制；构建普惠金融的大数据审计平台及大数据技术运用机制；构建审计"定责"结合审计"追责"的问责治理体系。刘国城和黄崑（2019）指出，扶贫政策跟踪审计主要围绕扶贫政策、扶贫资金与项目内容运行，可以从协同合作、应用大数据技术和建设信息化平台等方面进行保障，引入熵权评价等理念进行审计评价。邱玉慧等（2012）着重研究分析了社会保险政策审计服务于国家治理的作用机制。

3. 审计实践出发的理论探讨

从审计实践出发，基于汶川震后跟踪审计、支农政策审计、扶贫跟踪审计等案例，探讨政策执行效果审计的任务内容范围、审计方法、审计成果利用；针对审计实践中发现的问题，理论探讨审计策略等。

李颖（2016）指出，目前的政策执行效果审计实践存在成果不突出、审计组织模式及人才队伍不适应、缺乏系统的审计方法体系和政策评价体系等问题。陶嫒婷和王帆（2019）分析了精准扶贫政策跟踪审计的问责方式和问责路径，并分析问责路径存在的不足，进一步结合案例提出针对性完善建议。颜盛男等（2019）对精准扶贫政策跟踪审计的内涵进行界定，进一步探讨审计目标、审计内容及审计实施路径，并基于扶贫治理构建审计问责体系，为审计实务提供理论支撑。

王善平等（2013）指出，应当将医学上的无影灯效应运用于扶贫资金审计监管。从足够多审计主体、充分发挥审计权、构建立体式的审计网络、构建审计主体的合力平台四个方面，"照亮"扶贫资金运用的纵向全过程和横向各方面，进而发现"病灶"并实施"医治"。谭志武（2012）指出政策执行情况跟踪审计的任务主要包括：检查政策的执行情况及其效果，政策资金的筹集、分配、管理及使用，可能还包括政策涉及项目的建设管理、资源利用和环境保护等。审计方法方面广泛使用审计抽样的方法，在汶川地震灾后恢复重建跟踪审计中创造性实施了"三个结合"、"四个边"和"六种渠道"综合利用审计成果等方式方法。

陈平泽和方宝璋（2015）通过对审计署开展的三个支农政策的项目资金审计案例进行分析，指出由于部门利益的嵌入、层级利益的不一致、信息不对称等原因，我国政策措施的制定存在部门间"条块分割"的结构性问题，政策措施的执行存在"上有政策、下有对策"的结构性问题。指出国家审计应实施高位推动、大数据分析、大项目审计，关注政策制度的顶层设计，从国家整体的利益角度开展审计，创新审计结果应用等，促进政策落实从闭环系统升级为高阶次、多重反馈、开放性的系统，推动政策的体制改革。

4. 政策执行效果审计评价体系研究

已有研究从政策流程、国家治理视角、"三维"视角、生命周期理论等角度切入，选择政策执行效果审计的评价指标及构建评价体系。

唐建新等（2008）认为经济安全政策的审计主要包括对政策的制

定、执行的监督和参与政策评估。秦荣生（2011）认为，评价指标有经济政策的合法性、科学性、合理性、适用性、可操作性和绩效性。邱玉慧等（2013）构建了以国家治理为目标、以政策分析为主要功能的基本养老保险审计指标体系。

淄博市审计局课题组（侯全明）（2016）指出，政策跟踪审计存在审计思维、审计管理、审计资源等与审计需求不衔接的问题。山东省淄博市审计局创造性地对"农村饮水安全"政策，从"三维"视角，即形式、事实、价值进行评价，审查政策在形式上的贯彻部署、事实上的执行落实、价值上的资金绩效与政策目标及社会价值情况。魏明和席小欢（2017）提出了政策落实跟踪审计评价的"五维"框架：事实维度、形式维度、价值维度、流程维度以及成长与学习评价维度。

陈凤霞和张盛楠（2018）建立的审计评价体系综合使用了平衡计分卡和KPI法。苏孜和王俊锋（2018）基于公共政策生命周期理论，以政策流程构建了政策执行效果审计的评价指标体系。王帆等（2019）依据扶贫政策审计，指出审计评价指标包括资金使用情况、项目建设运营情况、政策落实情况、体制机制运行情况和重大违纪违法情况。

5. 政策执行效果审计实务研究

关于审计实务的研究，主要依据审计实践经验，分析实践中存在的问题，围绕审计方法、审计判断、审计重点、审计管理创新等方面展开分析并提出改善建议。

黑龙江省审计学会课题组（孙景山等）（2015）研究了政策执行效果审计实践中存在的不足及形成的原因，并提出了针对性的完善建议。史吉乾（2016）分析了政策执行效果审计的内涵，提出审计应自上而下推动政令畅通，增进政策的透明度，及时纠偏并提升政策的契合度，指出了审计重点和针对性的审计方法。审计署重庆特派办理论研究会课题组（吕劲松和邓世军）（2017）指出审计实践面临的政策体系非常复杂，提出提高审计判断质量的路径和方法，包括准确地理解改革方向、科学地研判审计对象、立足于区域规划切入政策、创新审计组织的模式并改进方法、强化审计质量的控制、加强审计理论及实践教学等。

上海审计学会课题组（林忠华）（2017）指出，政策措施落实情况跟踪审计在实践中尚未形成成熟的模式，还存在审计范围较窄、深度不足、组织管理健全性不足、人员的知识储备和素质不足等问题。审计署上海特派办理论研究课题组（居江宁等）（2020）指出，大数据技术在政策执行效果审计方面的应用是近年的研究热点。传统的审计方法无法做到全面深入地挖掘和使用数据，使审计受限于发现表面问题，而缺少更深层次的分析。杨柔坚等（2020）以针对就业政策的跟踪审计为例，分析如何利用大数据方法更精准地进行政策执行效果评估，进而更好地发挥审计监督功能。陈英姿等（2017）总结了浙江省的政策执行效果审计实践经验，剖析其存在的主要问题，包括审计计划全面性不足、审计重点明确性不足、审计成果的利用率低、审计人员相关专业知识不足等，进一步从审计管理创新的原则与目标调整、审计管理的重点这两个方面探讨了审计管理创新的途径。审计署武汉特派办课题组（程光）（2018）指出，审计对象应聚焦国家重大战略和最新改革措施，审计应重点关注政策执行不力及制度缺陷等。另外针对审计结果运用，提出应明确审计报告编写规范，落实审计执纪问责，加强审计成果宣传。

综上，已有研究主要探讨了政策执行效果审计的核心要素界定、理论框架构建、审计实践中的问题分析与完善建议等问题。

二 政策执行与政策评估的相关研究

政策评价相关方面的研究主要包括理论研究、评价标准和方式等方面，以国家审计机关为主体的政策审计评价可以充分借鉴。

（一）中国公共政策执行的特征

贺东航和孔繁斌（2011）指出政策的细化或政策再规划，是国家重大公共政策落实的重要过程，需要多部门的合作和配套政策。因此，为避免政策执行在纵向和横向方面的"碎片化"，通过中国特色的高位推动、层级性和多属性治理，采用协调、合作、整合及资源信息交流等方法来推动央地及部门之间的公共政策贯彻与落实，构成中国经验。朱水成（2013）认为，中国的政策执行特征体现为高位推动、逐级发包和晋升竞标赛等模式。同时这些模式以中国的党政双轨制、行政矩阵制和中共主导政策执行为基础。

吴少微和杨忠（2017）指出，"压力型体制"和"集体主义文化"两种中国背景下的公共政策执行，识别上级压力、建立共生关系、降低政策模糊性等可以改善政策执行的效果。竺乾威（2012）采用"政治性执行"分析框架，基于"拉闸限电"案例，探讨中国的地方政府政策执行的行为逻辑。指出权力关系是主要解释线索，地方官员的自利是政策执行背后的动力因素。

王亚华（2013）指出中国政策在逐层执行中，每一层的政府都是理性的，在自上而下的政权压力下，上下级之间仍可能缺乏有效监督和反馈，形成信息不对称，进而地方政府根据自身利益来响应上级要求。最后政策貌似很快地在基层执行，但实际上在各地方差异很大。贺东航和孔繁斌（2019）指出，地方政府能够识别政策背后的"政治势能"，根据势能的高低作执行响应。同时指出公共政策还应考虑政治势能与激励机制的耦合，考虑政治势能的主体与机制制度化。

（二）公共政策评估的理论研究

20世纪50年代政策科学产生，70年代政策评价的研究被质疑，被指政策评价的运用不足，利用率低。相应政策评价理论的研究也主要集中在"以利用为中心的评价理论"和"关于政策评估目的的理论"等。Pressman和Wildavsky（1973）的《执行：华盛顿的伟大期望是如何在奥克兰破灭的》一书出版发行后，使关于政策执行问题的研究被空前关注，公共政策问题的研究领域迅速发展（DeLeon，1999）。进入21世纪，以Kimberly A. Fredericks等（2002）为代表的学者认为评估理论应从政府、多组织共同发起的视角来研究政策设计、制定、执行和评价。政策执行的评价路径包括自上而下和自下而上两种，研究范式包括实证主义和后实证主义、宏观和微观执行研究。同时，研究者还分析探讨了多种影响政策执行的可能因素。

丁煌和定明捷（2010）对国外政策执行的理论前沿进行评述。定明捷（2014）指出自20世纪80年代中后期起，中国的政策执行研究稳定发展，主要有自上而下、自下而上以及整合型三种研究分析路径。在政策执行模式、政策执行差距诊断及政策执行影响因素研究等方面取得初步成果，体现出政策执行过程的复杂、动态和冲突性。吴宾和齐昕（2019）发现已有研究着重案例分析与理论构建，但理论的解释力不足，案例分析单一，较少关注政策执行者的个体特质。总体而言，我国相关研究的理论对话较少，应进一步基于中国实践改进研究方法。

（三）公共政策评估及标准研究

应用广泛的评估模式是德国学者韦唐（Evert Vedung）在《公共政策和项目评估》（1997）一书中归纳的三大类：效果模式、经济模式和职业模式。周德祥（2008）认为，政策评价应在政策执行过程中或者结束后分析评价政策实际效果与预期效果之间的差异。郑石桥（2017）认为，公共政策审计的主题主要涉及财务信息、非财务信息、行为和制度。公共政策审计实质是将公共政策作为审计客体的政府审计。

张润泽（2010）指出公共政策评估的标准体系中应至少包括三个维度：形式、事实和价值。这三个维度的评估标准在不同时期或评估环境中可能有偏重，但不能偏废任何一个维度。赵莉晓（2014）综合考虑公共政策的评估及创新测度理论框架，从政策过程出发，再比较创新政策评估与一般公共政策评估，总结其特有的四个特点，并据此构建涵盖创新政策的评估理论框架，包括"方案评估"、"执行评估"和"效果评估"各节点。

三　研究述评

已有研究围绕政策执行效果审计、政策执行与评估等方面展开，但政策执行效果审计作为我国绩效审计的一种新形式，相关的研究主要存在以下不足：

（一）政策执行效果审计的理论研究系统性不足

现有研究只是对政策执行效果审计的理论依据、界定、目标等基础性研究和作用效应方面做了一般性探讨，较多内容表现为对国外成果的介绍和借鉴，理论研究落后于实践发展，较少涉及一般结构和基本理论的研究，未能形成我国系统完整的理论体系。

政策执行效果审计评价的研究主要从理论上或者结合特定审计对象对评价指标、评价标准进行了探讨，但较少引入政策评估理论，研究的整合性不足。

（二）缺乏对政策执行效果审计的实践分析与提炼，未充分解决实质性应用问题

政策执行效果审计是宏观经济学、财政学、政治学和审计学等多学科碰撞交叉产生的新兴事物，已有研究相对分立，未深入研究相互关联关系，未将政策评价的丰富研究成果引入政策执行效果审计中。已有研究缺乏对实践中政策执行效果审计的评价分析和提炼，缺乏理论对实践的实质性指导。

第三节　研究内容与研究方法

一　研究内容

根据公共受托经济责任观等理论基础—政策执行效果审计基础理论与应用理论体系—政策执行效果审计实践分析—政策执行效果审计完善发展的基本逻辑结构，本书研究的内容主要包括以下几个方面：

（一）构建政策执行效果审计的基础理论与应用理论

从公共受托经济责任观和信息经济学基本理论出发，结合新公共管理运动对政府绩效的要求以及对国家治理的要求，分析我国国家审计机关进行政策执行效果审计的理论基础。构建政策执行效果审计的基础理论和应用理论。基础理论部分重点分析审计本质、审计目标和审计内容，应用理论部分重点分析审计流程、审计评价体系与评价标准、政策执行风险评估、审计报告等。其中，本书将审计的主要内容分为政策执行、政策结果及政策制定反馈评估，认为审计机关为提高审计独立性，应重点对政策的执行和结果进行审查与评价，并根据执行和结果的审计证据对政策的制定进行"反馈评估"，而不在政策制定阶段介入。

（二）政策执行效果审计的实践分析

从审计实践出发，分析实践中政策执行效果审计的主要审计要素：审计对象、审计内容、审计评价与评价效果。本书收集整理了2015—2020年审计署发布的政策审计结果公告，并以环保政策审计、

涉企审批政策审计、减税降费政策审计和扶贫政策审计为研究对象，分析实践中主要审计要素的特点，探析理论与实践的差距，为进一步理论指导实践及完善理论奠定基础。

（三）完善政策执行效果审计的对策建议

在充分深入的理论研究与实践分析的基础上，从政策评价视角、政策关系人视角、政策类型视角与经济体检视角等方面对政策执行效果审计的完善提供对策建议。

二 研究方法

本书综合运用规范研究、归纳总结、实证研究等多种研究方法。

在研究范式上，充分运用理论推演、理论抽象与实践归纳相结合，逻辑演绎与实证检验相结合，实践提炼与推论相结合的基本范式。

在研究工具上，运用政治学、经济学、管理学、信息理论等多学科交叉进行理论推演，并采用实践现状归纳分析等多种研究方法进行检验与论证。

（1）政策执行效果审计理论体系的构建，充分利用制度经济学、信息经济学、公共受托经济责任、新公共管理理论、审计理论等深入剖析政策执行效果审计，研究基础理论和应用理论。规范研究方法遵循主流研究范式，采用逻辑推演、归纳总结等以保证结论的严谨性。

（2）政策执行效果审计评价体系的构建，充分利用政策科学理论及已有政策评估的研究成果，对实践中的政策制定、执行部门及审计机关进行深度调研与访谈，收集整理实践中审计机关发布的审计信息及政策落实跟踪审计结果公告，在归纳总结、逻辑推演的基础上，采用层次分析等方法，构建政策执行效果审计评价指标体系。

（3）政策执行效果审计实践的分析方面，广泛采用系统的文本阅读和人工提炼收集整理研究对象信息、利用基于扎根理论的定性分析和Nvivo软件协助归纳分析、采用深度访谈和调查问卷协助了解审计评价指标。由于研究涉及内容属于新兴事物，审计机关的实践也处于不断探索完善阶段，本书进一步选择四类重大政策的审计实践作为案例研究对象，系统分析审计实践中的主要审计要素，关注审计实践特征及存在的不足，进而为完善发展政策执行效果审计奠定基础。

第四节　研究思路与研究框架

一　研究思路

本书研究遵循从基础理论→理论分析→实践现状分析→对策建议的一般过程，按照以下思路逐步推进展开：

从国内外政策执行效果审计的发展与研究述评，以及我国的重大经济政策制度背景、政府审计与政策执行效果审计制度背景开始，基于相关基础理论，分析构建政策执行效果审计的基础理论与应用理论，重点构建理论评价体系，再用理论指导实践，实践检验理论，展开审计实践的审计要素研究，最后在理论与实践分析的基础上，构建政策执行效果审计完善策略。

本书的研究内容按如下思路逐层展开：第一，以公共受托经济责任观与信息理论为理论基础，构建政策执行效果审计的基础理论与应用理论，重点构建理论评价体系与评价标准。第二，实践分析政策执行效果审计的审计要素。首先分析中央和地方审计机关开展政策执行效果审计的总体情况，其次选择被关注度最高的四项重大经济政策审计作为研究对象，分析其审计对象、审计内容、审计评价与审计效用等重要审计要素特征。第三，在理论与实践分析的基础上，提炼实践中政策执行效果审计存在的主要问题，提出完善策略。

二　研究框架

本书研究框架如下：

（1）从国内外政策执行效果审计的发展和研究述评开始，研究国家审计的理论基础，进而构建政策执行效果审计的基础理论与应用理论，并重点构建理论评价体系；

（2）以政策执行效果审计理论体系为基础，结合审计实践，探析我国政策执行效果审计的实践现状；

（3）基于理论与实践分析，构建政策执行效果审计的完善策略。

本书研究框架如图1-1所示。

第一章 导 论

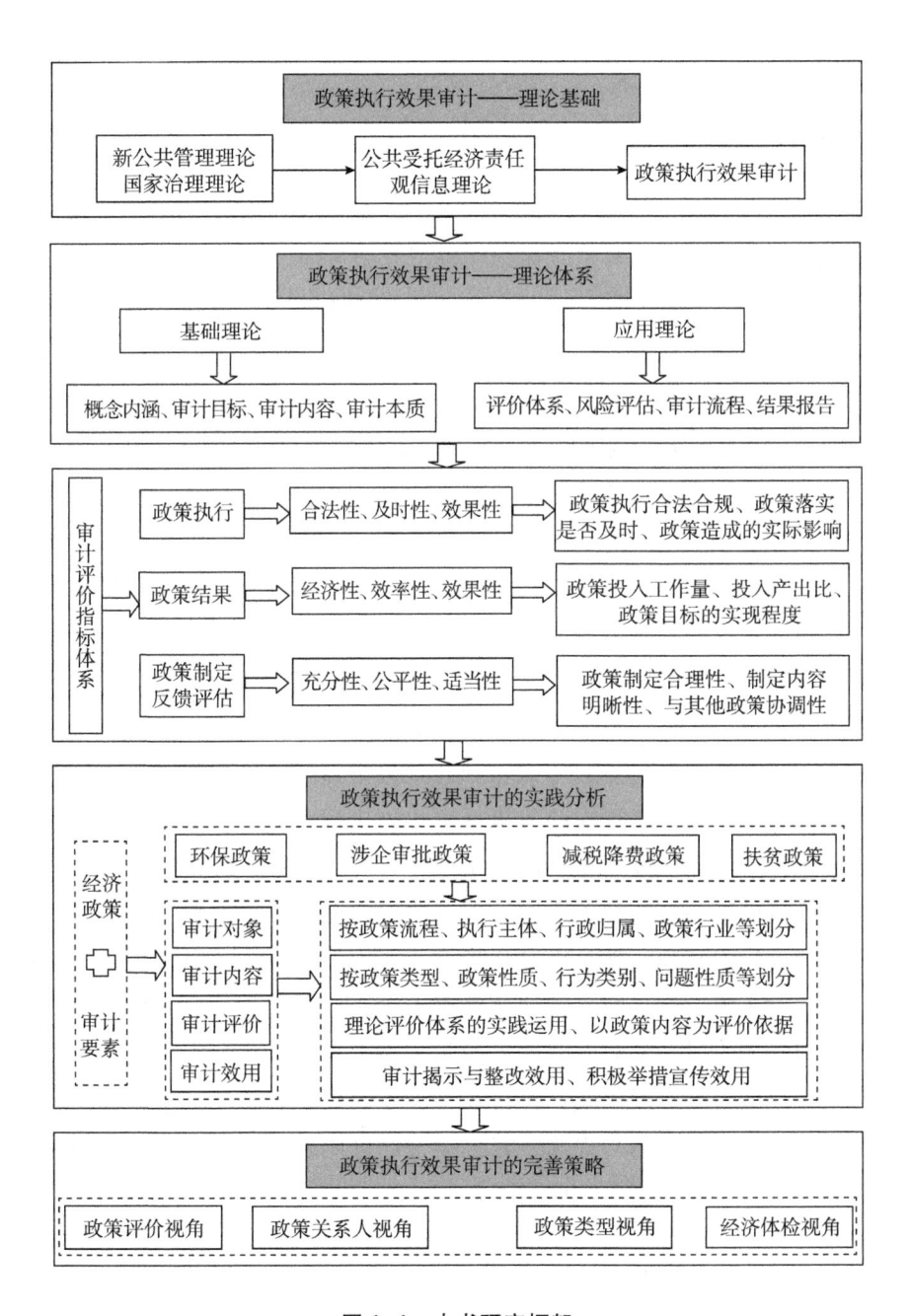

```
┌─────────────────────────────────────────────────────────┐
│              政策执行效果审计——理论基础                 │
│  ┌──────────────┐   ┌──────────────┐   ┌──────────────┐│
│  │新公共管理理论│──▶│公共受托经济责任│──▶│政策执行效果审计││
│  │国家治理理论  │   │观信息理论    │   │              ││
│  └──────────────┘   └──────────────┘   └──────────────┘│
└─────────────────────────────────────────────────────────┘

┌─────────────────────────────────────────────────────────┐
│              政策执行效果审计——理论体系                 │
│       ┌──────────┐              ┌──────────┐           │
│       │ 基础理论 │              │ 应用理论 │           │
│       └──────────┘              └──────────┘           │
│  ┌──────────────────────┐  ┌────────────────────────┐  │
│  │概念内涵、审计目标、   │  │评价体系、风险评估、    │  │
│  │审计内容、审计本质     │  │审计流程、结果报告      │  │
│  └──────────────────────┘  └────────────────────────┘  │
└─────────────────────────────────────────────────────────┘

┌─────────────────────────────────────────────────────────────┐
│审│ ┌────────┐  ┌──────────────┐  ┌──────────────────────┐│
│计│ │政策执行│─▶│合法性、及时性、│─▶│政策执行合法合规、政策落实││
│评│ │        │  │效果性        │  │是否及时、政策造成的实际影响││
│价│ └────────┘  └──────────────┘  └──────────────────────┘│
│指│ ┌────────┐  ┌──────────────┐  ┌──────────────────────┐│
│标│ │政策结果│─▶│经济性、效率性、│─▶│政策投入工作量、投入产出比、││
│体│ │        │  │效果性        │  │政策目标的实现程度      ││
│系│ └────────┘  └──────────────┘  └──────────────────────┘│
│  │ ┌────────┐  ┌──────────────┐  ┌──────────────────────┐│
│  │ │政策制定│─▶│充分性、公平性、│─▶│政策制定合理性、制定内容││
│  │ │反馈评估│  │适当性        │  │明晰性、与其他政策协调性││
│  │ └────────┘  └──────────────┘  └──────────────────────┘│
└─────────────────────────────────────────────────────────────┘

┌─────────────────────────────────────────────────────────────┐
│              政策执行效果审计的实践分析                     │
│     ┌──────┐ ┌──────────┐ ┌──────────┐ ┌──────┐           │
│     │环保政策│ │涉企审批政策│ │减税降费政策│ │扶贫政策│         │
│     └──────┘ └──────────┘ └──────────┘ └──────┘           │
│┌────┐ ┌──────┐ ┌──────────────────────────────────────┐  │
││经济│ │审计对象│ │按政策流程、执行主体、行政归属、政策行业等划分│  │
││政策│ ├──────┤ ├──────────────────────────────────────┤  │
││ ╬  │ │审计内容│ │按政策类型、政策性质、行为类别、问题性质等划分│  │
││审计│ ├──────┤ ├──────────────────────────────────────┤  │
││要素│ │审计评价│ │理论评价体系的实践运用、以政策内容为评价依据 │  │
│└────┘ ├──────┤ ├──────────────────────────────────────┤  │
│       │审计效用│ │审计揭示与整改效用、积极举措宣传效用      │  │
│       └──────┘ └──────────────────────────────────────┘  │
└─────────────────────────────────────────────────────────────┘

┌─────────────────────────────────────────────────────────┐
│              政策执行效果审计的完善策略                 │
│ ┌──────────┐ ┌────────────┐ ┌──────────┐ ┌──────────┐ │
│ │政策评价视角│ │政策关系人视角│ │政策类型视角│ │经济体检视角│ │
│ └──────────┘ └────────────┘ └──────────┘ └──────────┘ │
└─────────────────────────────────────────────────────────┘
```

图1-1 本书研究框架

15

第五节　研究的主要创新与贡献

本书的主要创新与贡献体现在以下几个方面。

（1）系统地研究了政策执行效果审计理论体系，包括基础理论和应用理论。综合引入政策评估理论与审计基础理论，同时将理论与实践结合，吸纳实践元素，创新性地提出在政策执行效果审计评价体系中增加"政策实施结果的完成度评价"，体现跟踪审计的特点。

（2）本书创新性地提出：针对政策措施本身的审计评估应当是一种"反馈评估"。即审计并非在政策实施前进行评估，而是在政策实施后，在完成政策执行及政策结果审计评价的基础上，评估分析导致政策落实及效果问题的深层次制度性或机制层面的原因，进而反馈分析结果。为利益相关者提供决策所需信息，发挥审计的宏观管理职能。

（3）本书系统地梳理了政策执行效果审计的评价实践，指出应基于理论评价体系，增加对政策执行主体的执行力评价、政策享用与惠及群体的政策回应度评价。同时完善公共资源配置、政策实施完成结果与政策措施制定的相关评价。本书梳理的审计评价实践包括环保政策审计评价199项、涉企审批政策审计评价180项、减税降费政策审计评价464项、扶贫政策审计评价504项。

（4）本书从政策评价视角、政策关系人视角、政策类型视角与经济体检视角等方面提出政策执行效果审计的完善策略。基于政策执行效果审计的实践分析与提炼，完善理论评价体系，同时有针对性地提出完善策略，解决实质性应用问题。

第二章

制度背景

第一节 重大经济政策的制度背景

2007年美国次贷危机引发了国际金融危机,中国当时对美欧日的出口额占比约为出口总额的一半。商务部数据显示,中国的对外贸易依存度在2006年最高达67%[①],2007年受外部影响后仍为66.2%。在国际金融危机背景下,我国出口急剧下滑引发失业潮。在此背景下,中央政府及时推出"四万亿"经济刺激计划,避免了社会经济的恐慌与大规模失业,维持了2008年的GDP增长率9.7%。2010年,中国成为世界第二大经济体。

中国政府采取的强刺激经济政策,避免了大规模失业,大大提升了中国国际竞争力,但对经济的长期发展留下了较严重的负面影响。地方政府在中央刺激计划下的层层加码,导致融资与投资加速扩张,使全国范围的投资热潮乃至部分投资失控,引发出大量问题。

经济刺激政策主要表现在积极宽松的财政政策、货币政策、金融政策、产业政策等方面。财政政策方面,主要采取扩大政府公共投资及增加政府支出,同时结构性减税和推进税费改革。2008年公共财政

---

① 对外贸易依存度=进出口总额/国内生产总值。

支出同比增长25.4%，财政赤字率在2009年升至2.8%，2010年升至3%（2008年不足1%）。货币政策方面，同时推进降息和降准政策，从2008年9月到12月，央行5次下调金融机构的贷款基准利率，4次下调存款基准利率及法定存款准备金率，2次下调法定和超额存款准备金利率、再贷款和再贴现利率。金融政策方面，提出了一系列支持经济发展的措施，涉及"三农"、廉租房建设、中小企业、进出口等。如2008年11月取消限制商业银行的信贷规模，以支持国家的重点项目和基础设施的建设；2009年3月支持有条件的地方政府组建融资平台。这些刺激宽松政策导致2008年11月至2010年12月，人民币贷款新增额达到18.8万亿元（2007年仅为3.63亿元），社会融资的规模达到近30万亿元（2007年不足6万亿元），固定资产投资的规模超过47万亿元（2007年仅为11.7万亿元）[①]。产业政策方面，国务院在2009年年初陆续推出钢铁等十个行业的振兴规划。

刺激政策遗留下来大量结构性问题。巨额负债方面，根据审计署的审计结果，截至2013年上半年，全国各级政府负有偿还责任的债务余额总额约20.7万亿元。过剩产能的问题更为突出，原本要退出的产能反而进一步增加，加剧了产能过剩问题，如光伏产业。

从经济增长指标来看（见表2-1），受2008年国际金融危机的影响，我国GDP增长率从2007年的14.2%下降到2015年的6.9%（跌破7%）。2008年GDP增长率大幅下降，随后的2009—2011年在强刺激经济政策下保持较稳定增长，但随着遗留问题的逐步显现，GDP增长率在2012年跌破8%。进入2013年，经济稳增长成为首要任务。面对经济下行压力、巨额负债、严重产能过剩、重复低效投资等一系列繁重的结构性经济问题，自2013年下半年起，中共中央、国务院围绕稳增长、促改革、调结构、惠民生出台了一系列政策措施。2015年进一步提出"供给侧结构性改革"，提出"去产能、去库存、去杠杆、降成本、补短板"五大任务推进供给侧结构性改革。

---

① 根据公开数据收集整理。

表 2-1　　　　2005—2020 年国内生产总值及增长率变化

年份	国内生产总值（亿元）	国内生产总值增长率（%）	增长率变化（%）
2005	187318.90	11.4	1.3
2006	219438.50	12.7	1.3
2007	270092.30	14.2	1.5
2008	319244.60	9.7	-4.5
2009	348517.70	9.4	-0.3
2010	412119.30	10.6	1.2
2011	487940.20	9.6	-1.0
2012	538580.00	7.9	-1.7
2013	592963.20	7.8	-0.1
2014	643563.10	7.4	-0.4
2015	688858.20	6.9	-0.4
2016	746395.10	6.7	-0.2
2017	832035.90	6.9	0.1
2018	919281.10	6.6	-0.2
2019	986515.20	6.0	-0.7
2020	1015986.20	2.3	-3.7

资料来源：国家统计局与公开资料。

中央政策自 2013 年起明确了坚持经济稳定可持续发展的思想，强调不断转变经济发展方式，优化经济结构。坚持扩大内需战略，增强消费促进经济的基础作用，发挥投资对经济增长的关键作用。

具体而言，中央围绕稳增长、促改革、调结构、惠民生等方面均出台了一系列的政策措施。政策范围广、内容多，主要包括：①取消和下放行政审批事项、推进简政放权政策措施方面。②加快棚户区改造、加大保障性安居工程建设力度政策措施方面。③加快城市基础设施建设政策措施方面。④促进节能环保产业发展政策措施方面。⑤加快发展养老、健康服务业政策措施方面。⑥落实企业投资自主权、向非国有资本推出一批投资项目方面。⑦金融支持实体经济特别是小微企业和"三农"政策措施方面。⑧促进对外贸易稳定增长政策措施方面。⑨以创新支撑引领经济结构优化升级政策措施方面。⑩夯实农业基础、推进现代农业发展政策措施方面。⑪实行精准扶贫方面。⑫加强生态环境保护政策措施方面。⑬扩大"营改增"试点、减轻和公平企业税负政策措施方面等。

相关经济政策既要保障短期稳定，又要平衡长期发展，如何把握尺度，一直是个难解决的问题。更为重要的是，政策目标的实现90%取决于有效的执行，因此政策制定者和执行者需要及时了解政策执行的效果以及执行中出现的问题，进而完善纠偏，最终实现政策目标，达到政策效果。

要保障政策有效实施，必须要清楚政策的传导机制，如政策执行主体的作用发挥、政策受益对象的接受度以及最终政策效果的转化表现等；另外，还必须清楚政策结果与预期政策目标的差异、政策落实中存在的体制机制等问题。

第二节　政策执行效果审计的制度背景

一　党的十八大以来的国家审计制度

党的十八大以来，以习近平同志为核心的党中央把审计监督作为权力制约和监督的重要组成，分别在重要会议及文件中对审计提出明确要求。

（一）党的十八大报告关于审计的内容

党的十八大确立了经济建设、政治建设、文化建设、社会建设、生态文明建设"五位一体"总体布局，要求健全权力运行制约和监督体系，明确经济责任审计的重要作用。

（二）党的十八届三中、四中全会关于审计的内容

党的十八届三中全会明确指出，加强行政监察和审计监督。划定生态保护红线，探索编制自然资源资产负债表，对领导干部实行自然资源资产离任审计。党的十八届四中全会要求对公共资金、国有资产、国有资源和领导干部履行经济责任情况实行审计全覆盖。

（三）党的十九大报告及党的十九届三中全会关于审计的内容

党的十九大报告提出"改革审计管理体制"，强调"构建党统一指挥、全面覆盖、权威高效的监督体系"。党的十九届三中全会将审计列入宏观管理部门，强调构建统一高效的审计监督体系，实现审计全覆盖。

党的十九届三中全会审议通过《深化党和国家机构改革方案》，并进一步明确：为加强党中央对审计工作的领导，构建集中统一、全面覆盖、权威高效的审计监督体系，更好发挥审计监督作用，组建中央审计委员会，作为党中央决策议事协调机构。中央审计委员会办公室设在审计署。

十九届中央纪委四次全会上，习近平总书记强调要完善党和国家监督体系，以党内监督为主导，推动人大监督、民主监督、行政监督、司法监督、审计监督、财会监督、统计监督、群众监督、舆论监督有机贯通、相互协调。十九届中央纪委六次全会上，习近平总书记指出，审计监督、财会监督、统计监督都是党和国家监督体系的重要组成部分，要推动规范用权，及时校准纠偏，严肃财经纪律。

（四）党的二十大报告关于审计的内容

2022年，党的二十大报告要求完善党的自我革命制度规范体系。要求审计监督与党内监督有效贯通和协调，形成"统一领导、全面覆盖、权威高效的监督体系"。

（五）中央审计委员会关于审计的要求

中央审计委员会的第一次会议首次提出"审计是党和国家监督体系的重要组成部分"，加强党对审计工作的领导。明确党领导下新时代审计工作的三个重点任务之一：加大对党中央重大政策措施贯彻落实情况的跟踪审计力度。二十届中央审计委员会第一次会议强调指出，"更好发挥审计在推进党的自我革命中的独特作用"。

（六）党的十八大后出台的重要制度文件

为保障审计机关依法独立行使审计监督权，中共中央、国务院在党的十八大后围绕完善审计制度、深化国有企业和国有资本审计、实行领导干部自然资源资产离任审计等内容，专门出台了相关的制度文件。

2014年，国务院印发《关于加强审计工作的意见》，要求审计发挥推动国家重大决策部署和有关政策措施的贯彻落实重要作用。

2015年11月，中办、国办印发《关于完善审计制度若干重大问题的框架意见》及相关配套文件。意见明确指出，对公共资金、国有资产、国有资源和领导干部履行经济责任情况实行审计全覆盖。

2016年12月，中办、国办印发《关于深化国有企业和国有资本审计监督的若干意见》。2017年6月，中办、国办印发《领导干部自然资源资产离任审计规定（试行）》，对领导干部自然资源资产离任审计的目标、内容、重点和步骤等提出了具体要求。

2019年7月15日，中共中央办公厅、国务院办公厅印发《党政主要领导干部和国有企事业单位主要领导人员经济责任审计规定》，要求把审计监督与纪检监察、组织人事、巡视巡察等监督贯通起来，形成监督合力。

2021年10月23日，习近平总书记签署第100号主席令，公布自2022年1月1日起施行新修订的《中华人民共和国审计法》。新修订的《中华人民共和国审计法》坚持以习近平新时代中国特色社会主义思想为指导，坚持党的领导、以宪法为依据、实践探索与制度规范相统一、问题导向和权责相符合的五大原则，对推动新时代审计工作高质量发展，更好发挥审计在党和国家监督体系中的重要作用，推进国家治理体系和治理能力现代化具有重要意义。

2023年2月15日，中共中央办公厅、国务院办公厅印发《关于进一步加强财会监督工作的意见》，从明确财会监督的内涵和工作要求、构建财会监督体系、健全工作机制等方面，为规范财政财务管理、提高会计信息质量等方面发挥保障作用，进一步健全党和国家监督体系。

二 政策执行效果审计制度

《中华人民共和国审计法》的第二条规定审计机关依法对财政收支或财务收支的真实、合法和效益进行监督。

2014年，国务院印发《国务院关于加强审计工作的意见》，要求发挥审计促进国家重大决策部署落实的保障作用。国务院办公厅发布《关于稳增长促改革调结构惠民生政策措施落实情况跟踪审计工作方案的通知》，要求国家审计机关开展政策执行效果审计。2015年5月，审计署办公厅印发《国家重大政策措施和宏观调控部署落实情况跟踪审计实施意见（试行）》，进一步规范政策执行效果审计。

2019年7月15日，中共中央办公厅、国务院办公厅印发了《党政主要领导干部和国有企事业单位主要领导人员经济责任审计规定》，指出经济责任审计需要关注审计对象贯彻执行党和国家经济方针政策与决策部署落实的情况等。

2022年1月1日起施行新修订的《中华人民共和国审计法》。其中新增加第二十六条：根据审计项目计划安排，审计机关可以对被审计单位贯彻落实国家重大经济社会政策措施情况进行审计监督。即从审计法法律层面将"重大经济社会政策措施情况审计"作为审计机关的法定职责。

第三节 开展政策执行效果审计的必要性和持续性

一 开展政策执行效果审计的必要性

公共经济政策的制定与实施是国家治理的重要工具。我国面临国际形势严峻、国内经济增长率下降的巨大压力。国际金融危机及国内强刺激经济政策遗留的高额负债、过剩产能等重大问题亟待解决。这些关系国计民生的重大问题，需要在宏观经济或国家重大经济政策层面解决。2013年下半年，中共中央、国务院围绕稳增长、促改革、调结构、惠民生出台了一系列政策措施。但是，政策执行中的信息不对称、地方自利"中阻梗"等问题，严重影响政策实施效果，急需强有力的监督。

由于行政权本身的"自我制约"能力不足，需要借助独立的第三方进行监督制约。美国审计长大卫·沃克（2007）提出最高审计机关应该增加一个新的功能，包括两个方面：一是审计机关帮助政府了解哪些政府的计划和政策是有效的，而哪些是不起作用的；二是帮助政府提升处理关键性问题（正在出现问题）的前瞻能力。同时指出该项功能应该成为传统审计的补充和完善。李保伟（2011）指出，政策绩效审计是绩效审计的高级形式，能够更好地保障政策有效实施。同时，根据国际经验，已有很多国家的最高审计机关对经济政策执行效果进行审计。

因此，由国家审计机关开展政策执行效果审计具有必要性，既是重大经济政策有效实施的保障需要，又是国家审计发展的需要。

二 开展政策执行效果审计的持续性

相较于其他监督主体，国家审计机关开展政策执行效果审计有独特优势，具有可行性。国家审计机关作为独立第三方，能够保证审计评价的客观性和公正性。曾稳祥（2012）指出，国家审计机关依法对公共资源、公共资金、公共权力的管理运行等方面进行监督，能够掌握公共政策的总体运行情况和相关数据，具有对公共政策进行评估的条件。同时，我国国家审计机关已在政策评估方面取得显著成效，奠定了基础，如2005年开展的开发区财税政策调查。广度上所有项目均强调揭示体制机制障碍及管理漏洞，推动政策完善；深度上转为提前谋划和深度分析；高度上，转变为某个领域政策的宏观分析，如2012年的社会保障资金审计。秦荣生（2011）从政府审计的法定职责、发挥政府审计"免疫系统"功能、为政府服务、独立性保障、国际政府审计惯例等方面论证了开展政策执行效果审计的可行性。实践中，国务院办公厅2014年发布《关于稳增长促改革调结构惠民生政策措施落实情况跟踪审计工作方案的通知》，国家审计机关已按要求开展政策执行效果审计。

党的十八大以来，党中央高度重视审计作用的发挥，并在审计体制改革方面做出重大安排部署。党的十九大作出改革审计管理体制的决定，党的十九届三中全会将审计列入宏观管理部门，强调构建统一高效的审计监督体系，实现审计全覆盖。并进一步组建中央审计委员会，作为党中央决策议事协调机构。

中央审计委员会第一次会议明确指出加大对党中央重大政策措施贯彻落实情况的跟踪审计力度，并在《"十四五"国家审计工作发展规划》中重点部署安排。习近平总书记在中央审计委员会第二次会议上指出，审计要作为"经济体检"常态化。2021年6月，中央审计委员会办公室、审计署关于印发《"十四五"国家审计工作发展规划》的通知，指出"十四五"国家审计工作的主要目标包括：着力构建全面覆盖的审计工作格局，确保党中央重大政策措施部署到哪里，审计监督就跟进到哪里。

可见，在以习近平同志为核心的党中央领导下，新时代国家审计的核心思想主要包括：一要坚持党对审计工作的集中统一领导。二是要坚持依法审计和审计全覆盖。三是贯彻以人民为中心的发展思想，坚持立足维护人民群众根本利益的人民中心观；以人民为中心是习近平新时代中国特色社会主义思想的核心要义，应充分发挥审计工作在维护国家、人民和全局利益方面的重要作用。四是将审计作为"经济体检"常态化，并进行"查病、治已病、防未病"的系统治理。审计工作既要敢于和善于发现问题，更要积极推动解决问题，促进完善体制机制，推进深化改革，发挥审计建设性作用。

综上，国家审计开展政策执行效果审计不仅具有可行性，更是当前和今后一个时期审计的重点工作，具有长期持续性，应持续深入发现和揭示问题，并深层次分析体制机制问题，保障和促进重大经济政策全面有效实施。

第三章

政策执行效果审计的基础理论与应用理论

第一节 政策执行效果审计的理论基础

开展政策执行效果审计的理论依据主要有新公共管理理论、国家治理理论、公共受托经济责任观和信息理论等，各个理论可以从不同的视角帮助我们理解政策执行效果审计的动因、目标及作用发挥机制等。

一 新公共管理理论

新公共管理理论兴起于20世纪70年代，以高度关注政府绩效为核心。针对公共管理传统体制僵化与机构膨胀，政府管理出现的效率低下问题，西方各个国家开始了"重塑政府"的新公共管理运动。新公共管理理论更重视政府项目、结果与效益。

美国的新公共管理运动推动了预算管理制度的变迁，从关注控制政府投入，到关注产出，再到重点关注政策的效果。1921年美国政府在预算法颁布后，开始"投入导向型"，重点关注预算支出的预算安排模式；1949年美国开始引入"绩效"概念，开始"过程导向型"，监控预算过程并强调预算产出；20世纪60年代起美国推行在预算系统中同时融入项目目标与计划，重点强调"结果导向"，即政府预算执行的效果是否达到预期目标。在新公共管理运动兴起后，预算管理不仅关注产出，更强调关注效果。

新公共管理理论强调政府绩效管理，强调结果导向，该理念奠定了政策评估的理论基础。新公共管理运动也为公共政策评估创造了实践环境。2004年美国审计署更名为美国政府责任署（Governmental Accountability Office，GAO），其关注重点也从财政收支、公共资金等方面转向公共政策执行，关注政策效果。

二 国家治理理论

治理（Government）包含控制、引导和操纵的意思，源于拉丁文和古希腊语（王诗宗，2009）。随着经济社会的发展，20世纪70年代末人们开始广泛研究治理理论，各国政府也不断开展政府"治理"的变革运动。

马克思主义关于国家的学说，指出国家的职能既包括执行一切社会性质的公共事务，又包括政府对立于人民而产生的各种特有的职能（中共中央马克思恩格斯列宁斯大林著作编译局，2009）。国家既需要"镇压"反对者，维护其权威统治，同时还需要管理人民大众需求的社会公共事务，如社会民生管理、文化教育事务等。国家职能的实现过程，也就是国家治理过程。

国家治理通过配置和运行国家权力，具体又通过政府的各权力机关制定实施公共经济政策来实现。公共经济政策实施的过程，是国家权力运行的过程，是配置、管理和使用公共资源的过程。公共经济政策的制定与实施是国家治理的重要工具（蔡春等，2016），其有效执行对于国家治理至关重要。有效的国家治理，要求国家权力的运行能够相互制衡，而审计作为一种特殊的经济控制机制，通过法律授权能够对其他公共权力进行监督，促进国家治理实现良治。因此，具体而言，审计机关开展政策执行效果审计，可以制约监督其他权力机关的公共权力运行，可以促进公共经济政策（国家治理工具）更好发挥效果，实现国家治理良治。

三 公共受托经济责任观

公共受托经济责任观是一种被多数学者所接受的国家审计动因学

说，认为审计的发展在根源上受到公共受托经济责任的推动。蔡春等（2013）从公共受托经济责任观出发，系统地构建了国家审计理论框架。

公共受托经济责任是指特定的主体按照特定的原则或要求运用公共权力去经管公共资源并报告其经管状况的义务。随着经济、政治、社会、文化等外部环境的发展变化，公共受托经济责任的内涵与外延也在不断地丰富与拓展，国家审计的功能亦随之不断演进和拓展。比如当服务国家治理成为公共受托经济责任的重要内容时，国家审计也对应发挥国家治理的功能。

公共经济政策的制定与实施，并达到预期目标，是促进国家治理现代化的重要手段，也是现代国家和政府公共受托经济责任的重要内容。政策执行效果审计通过特殊的经济控制，监督公共政策制定与实施过程中的权力运行，监督公共政策实施中的公共资源配置与使用，保障公共政策达到预期效果，进而保障和促进政府公共受托经济责任的全面有效履行。公共受托经济责任观作为政策执行效果审计的理论基础，可以帮助更好地理解审计本质、审计目标、审计对象、审计内容及审计评价等要素。

四　信息理论

现代经济系统中，信息已成为一项重要的经济资源，然而在信息传递的各个环节会存在广泛的风险，具体包括信息获取数量不足、信息冗杂、信息失真和信息无效等。信息理论包括信号传递理论和信息系统理论。针对社会审计，信号传递理论是指企业通过将信息传递给利益相关者来缓解信息不对称的问题，聘用高素质的审计师是向市场传递财务信息可靠的信号，这种正面的信号会给企业带来积极影响；信息系统理论建立在会计信息决策有用观的基础上，认为审计的本质功效在于增进财务信息的可靠性和决策的有用性。

对于国家审计，也可以通过信息传递和信息支持来消除公共事务管理各主体间的信息风险。一方面，政府需要国家审计向公众传递公共事务管理的情况，包括管理的质量和效率。国家审计作为独立的第三方，以其专业的信息处理能力和信息获取权力来鉴定、判断政府各

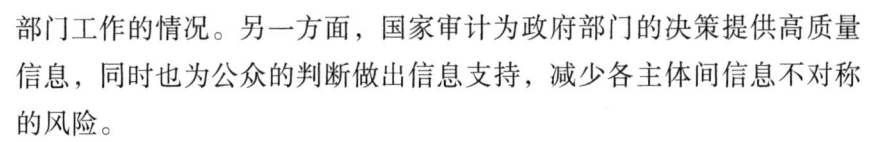

第三章　政策执行效果审计的基础理论与应用理论

部门工作的情况。另一方面，国家审计为政府部门的决策提供高质量信息，同时也为公众的判断做出信息支持，减少各主体间信息不对称的风险。

政策执行效果审计以信息理论作为理论基础，有助于国家审计降低重大政策执行中的信息不对称，同时提高相关信息的质量。

第二节　政策执行效果审计的基础理论

一　政策执行效果审计的概念与内涵

公共政策审计实质上是将公共政策作为审计客体的政府审计（郑石桥，2017）。秦荣生（2011）指出经济政策执行效果审计是一个按照一定的程序和标准，对经济政策的执行效果做出判断，发现问题并分析原因，最后提出改进建议的过程。李保伟（2011）指出政策绩效审计是绩效审计的高级形式，政策绩效审计的目标具有效果性，审计师的审计目标是政策的效果，以及政策效果与其初衷是否一致。王平波（2013）则认为政策执行效果审计是国家审计机关为保障国家政策制度得到贯彻落实，对与政策对象相关的经济业务开展的审计监督工作。蔡春等（2016）认为政策执行效果审计是指审计行为主体对公共经济政策执行过程、执行效果以及政策制定后评估所实施的审计行为活动。

审计活动被普遍界定为一个系统过程，美国会计学会（AAA）1973年的《基本审计概念说明》（*A Statement of Basic Auditing Concepts*，ASOBAC）将审计定义为："审计是一种客观地收集与评价有关经济活动和事项的断言（Assertions）的证据以确定其断言与既定标准之相符程度并将其结果传递给利害关系人的系统过程。"

政策执行效果审计是由国家审计机关实施的以经济政策为审计客体的审计活动。因此借鉴已有研究并结合审计的经典定义，本书认为政策执行效果审计是审计主体客观地收集经济政策执行、效果及制定的证据，按照一定的标准，对其做出审计评价与判断并传递给利害关系人的系统过程，同时审计主体在权限内对政策问题直接纠偏，或反馈给利害关系人间接纠偏，最终促进政策的有效执行与完善。

基于政策执行效果审计的概念界定，本书进一步探析其内涵，认为政策执行效果审计的内涵特点主要有：

(一) 政策执行效果审计的首要任务是评价与判断

审计产生的一个重要动因和前提是由于受托经济责任的存在（Tom Lee，1986；David Flint.，1988），它是较多学者都普遍支持的一种审计动因学说。其内容的不断拓展也推动着审计的发展。因此，审计的首要任务就是评价与判断受托经济责任的履行情况，即政策执行效果审计的首要任务就是评价和判断政府接受委托执行经济政策的过程和结果是否符合标准。

国家审计机关与其他监督机构最显著的区别在于其独立性，作为独立的第三方，对审计客体的受托经济责任进行评价与判断。因此，审计评价与判断能够保证客观性和公正性，是审计机关的核心任务。

(二) 政策执行效果审计进行审计评价的关键是审计标准

政策执行效果审计评价必须建立在科学的评价标准之上。注册会计师审计的总目标是对财务报表的合法性和公允性发表意见，其评价的标准是审计客体适用的财务报告编制基础。政府审计机关对经济政策执行及效果的评价，应当以政策的要求或规范、政策预期效果为标准。而这些政策的要求或规范以及政策预期效果（预期目标）的具体化程度、清晰化程度、可度量或可量化程度，既决定了政策执行效果审计的评价难度，也会影响审计评价结果。

政策方案制定的评价标准可能包括合理性、协调性及可行性，政策执行的评价标准可能包括政府主导性、协调性、系统性、回应度、充足性和影响力，政策效果的评价标准可能包括绩效和效率（赵莉晓，2014）。实践中的评价标准通常包括：国家制定的发展规划及行业的发展目标，专业管理部门发布的规范、技术标准，行业的标准或预算标准等（陈尘肇，2009）。审计评价标准的选择与确定是政策执行效果审计的难点，也一直是理论界与实务界致力解决的问题。

（三）政策执行效果审计的评价与判断结果需要及时传递给利害关系人

审计信息的需求具有天然自发性。不仅仅是公众，国家的决策、执行和监督部门都对审计信息存在广泛需求（马志娟等，2015）。决策有用观和公共受托经济责任解释了实践中个人、企业组织和国家公共事务管理主体的信息需求具有天然自发性。一方面，决策有用观指出只有高质量、有价值的信息才能指导制定决策。政府的政策制定和执行部门依赖国家审计对相关信息的分析，从而充分了解经济运行、政策实施情况，以便调整和进行进一步改革。另一方面，公共受托经济责任观指出，公众由于自身能力限制将管理国家公共事务的权力交给政府，但是公众需要通过监督参与到共同管理中来，而参与的重要方式就是依赖国家审计提供的信息。因此，国家审计需要通过信息传递和信息支持（审计监督还可以提高公共受托经济责任履行情况信息的质量），及时将政策执行效果审计的评价与判断结果传递给利害关系人。

2001年，习近平同志接受《经济月刊》采访时就强调指出"审计是政府的眼睛"，并在福建省审计工作会议上提出"要通过科学地审计和调查，为政府提供真实可靠的经济信息，增强政府工作的预见性"。美国审计署审计长大卫·沃克（2007）指出政府实施的计划和政策需要判断哪些有效、哪些没有起到作用，而审计机关可以提供这些信息，提升政府提供处理关键性问题的前瞻能力。可以看出，审计机关提供的高质量信息对于政府部门工作的重要性。这些关于政策评价与判断的审计信息还必须及时地传递才能发挥作用。

（四）政策执行效果审计通过纠偏机制发挥监督职能

我国的政策执行效果审计由国家审计机关开展，而国家审计是党和国家监督体系的重要组成部分[①]，具有宪法和法律规定的强制审计权和一定的审计处理权。国家审计行为的主要特征包括独立性、法定性、权威性、专业性、强制性和全面性，并形成强有力的纠偏机制。因此，政

---

① 2018年5月23日，中共中央总书记、国家主席、中央军委主席、中央审计委员会主任习近平主持召开中央审计委员会第一次会议的重要讲话内容。

策执行效果审计还有赖于其特有的纠偏机制，发挥监督职能，进而保障政策落实达到预期效果并最终促进政策制度的完善改进。

政策执行效果审计的纠偏机制可归纳为直接纠偏和间接纠偏。直接纠偏具体表现为两个方面：一方面，国家审计利用其法定性和权威性，对被审计单位产生威慑力，而被审计单位在审计威慑作用下主动纠正政策执行的偏差行为；另一方面，国家审计在其法定处理权限内，对审计过程中发现的政策执行偏差行为直接纠正。间接纠偏也可以称为间接反馈纠偏，需要借助委托人主体，具体也体现为两个方面：一方面，政策执行效果审计将审计评价和判断结论、审计中发现的政策执行问题以及分析的政策制度性缺陷等通过审计报告、审计整改建议等方式反馈给直接委托人，由直接委托人发出行政纠偏指令进行纠偏。另一方面，政策执行效果审计将审计评价结论等内容通过审计结果公告等形式反馈给终极委托人（公众），形成公众舆论压力和群众监督压力进行纠偏。

二　政策执行效果审计的目标

（一）政策执行效果审计的本质目标

审计目标是指审计行为活动意欲达到的理想结果或状态，能够体现审计本质与环境的交互作用与联系，可以分为本质目标和具体目标。蔡春等（2016）指出，政策执行效果审计作为国家审计的一种新形式，其本质目标也是保障和促进政府公共受托经济责任的全面有效履行。依据国家治理观，政策执行效果审计的本质目标可以界定为促进国家治理能力的提升（秦荣生，2011；王姝，2012；曾稳祥，2012）。王平波（2013）认为政策执行效果审计的根本目标包括推进民主法治、保障改善民生、推动改革创新、维护国家利益、完善国家治理，发挥审计免疫系统功能，助推经济发展方式转变，服务经济社会科学发展。

宏观经济政策是政府受托进行国家治理的重要工具，政府则承担着合理制定并有效执行政策的经济责任。因此，我们认为，政策执行效果审计的本质目标是保障和促进公共经济政策制定和执行的经济责任全面有效履行。

（二）政策执行效果审计的具体目标

政策执行效果审计的具体目标是其本质目标的具体化。已有研究做了较多探讨，蔡春等（2016）从关注政策实施过程和结果的角度指出，具体目标是评估政策的执行是否实现了既定意图以及保障政策实施的要求是否落实；陈尘肇（2011）指出审计机关应以"十二五"的规划主线促进转变经济发展方式为目标；付忠伟等（2015）指出重大政策跟踪审计应突出政策目标牵引，着眼于地方与国家战略精准对接；牛彦绍（2017）指出部分专家认为审计目标是审计政策的落实及效果，有专家提出审计目标有4层：促进提高政策执行力、政策科学性、政策协调性和政策国际竞争力，而他认为审计目标有两个层次：提高政策执行力和政策执行效果。宋依佳（2012）指出审计目标是提高政策执行力、科学性和协调性，并提出针对性审计建议。

多次关于政策执行效果审计的学术会议也对审计目标进行了探讨，部分专家认为审计目标是反映政策执行中的绩效问题以及影响政策执行的机制问题与风险，最终促进政策的落实和政策目标的实现（王彪华，2012）。政策执行效果审计的主要目标包括揭示政策落实中存在的问题，分析问题原因，提出对策建议，最终促进政策落实与完善（王慧，2015）。政策执行效果审计的目标可以具体包括四个方面：查找揭示和披露政策落实问题；确定责任主体并问责；针对问题分析原因提出对策建议；公布审计结果并督促及时整改（王慧，2017）。

本书认为审计的具体目标也是审计的直接目标，是审计主体意欲通过审计行为直接达到的审计结果。基于政策执行效果审计的本质目标，并结合具体目标应具备的明晰性特点，本书认为具体目标可以分为三层：①评价与判断政策是否落实、政策效果是否达到预期。②分析政策落实及政策效果问题的直接原因，提出对策建议。③开展政策制定的反馈评估，分析导致政策落实及效果问题的深层次制度性或机制层面的原因，提出完善建议，促进政策达到预期效果。这三层具体目标可以归纳为："结果评价、原因分析与反馈评估。"

这三层目标是层层递进的关系，本书认为：首先，政策执行效果审计需要完成审计评价和判断的目标任务，向委托人或利益相关者传递审计客体受托政策执行责任的履行情况。其次，由于本质目标是保障和促进政策制定和执行的经济责任全面有效履行，就需要在评价的基础上分析揭示造成问题的原因，并提出建议。因此第二层的具体目标是分析直接原因，并提出对策建议。最后，由于宏观经济政策的制定、执行及效果是一个复杂的系统过程，很多问题存在深层次的制度性和机制方面的原因，换句话说也可能是政策制定或者与其他政策协调方面的原因。因此通过政策制定的反馈评估，分析深层次制度性或机制原因，提出完善建议，最终促进政策达到预期的效果。

三　政策执行效果审计的内容

依据被普遍接受的审计动因理论——公共受托经济责任观，由于公共受托经济责任关系的存在，委托人或公众需要国家审计机关传递受托人公共受托经济责任的履行情况。审计内容就是审计机关从特定专业角度以及某些或某项受托经济责任出发，进行审计收集调查，调查的内容涉及经济活动，并且是承载某项受托经济责任的活动，或行为活动中体现该项受托经济责任的部分或全部内容。因此，政策执行效果审计需要向委托人传递受托人受托政策制定执行经济责任的履行情况，从而审计机关的审计内容就应当包括承载受托政策制定执行经济责任的行为活动及全部内容。

专家学者围绕政策执行效果审计的内容也展开了较多讨论，王平波（2013）认为审计的对象范围主要包括政策执行的主体，审计的基本内容包括政策目标的实现、部署任务的完成、规定行动原则的遵循、要求工作方式的运行、安排一般步骤的实施、细化具体措施的落实等。宋依佳（2012）指出审计对象是影响国家战略、经济和社会发展全局的重大政策。审计内容包括政策执行的资金流、政策追溯的对象与政策执行的流程。蔡春等（2016）指出审计内容主要包括政策执行机制与过程、与政策执行紧密相关的公共资金和公共资源配置、政策性资金与资源管理利用有效性、政策执行结果以及政策制定后评估等。

王帆和谢志华（2019）指出审计内容主要涉及制度制定与执行中的项目、资金、政策落实、责任人履责等，以及问题原因和体制机制分析。王彪华（2012）指出审计内容主要包括政策的执行及效果，政策相关的资金筹集、分配、管理、使用及效果，还可能包括政策相关的项目建设管理、资源保护利用和环境保护等。王慧（2015）指出审计内容包括政策措施落实的总体情况，存在的主要问题及下一步措施等。还从中国重大政策角度，指出主要审计简政放权、重大项目推进等九个方面的政策内容。王慧（2017）也着重从重大政策角度来界定审计内容，如审计供给侧结构性改革、"放管服"改革等政策内容。刘波（2016）指出政策执行效果审计的内容非常丰富，目前涉及中央政府的19个方面60多项政策，是对中央出台的一系列重大政策落实情况的审计。

政策执行效果审计的审计内容具有复杂性和特殊性特征，区别于一般的纯粹政府行为。本书认为，政策执行效果审计的内容指承载受托政策制定执行经济责任的行为活动及全部内容，具体而言可以从两个角度进行内容分解：一是政策类型的角度；二是政策制定及执行过程的角度。

（一）政策类型的角度

从政策类型的角度，政策执行效果审计的内容就是政府制定并要求落实的一系列重大经济政策。从我国目前的实施情况来看，主要涉及的有2014年国办发明电〔2014〕16号《国务院办公厅关于印发稳增长促改革调结构惠民生政策措施落实情况跟踪审计工作方案的通知》要求的中央政府出台的19个方面60多项政策（刘波，2016）。随着我国经济形势的发展变化，政府会陆续出台与之相适应的关系国计民生的重大经济政策，因此政策执行效果审计的政策内容也是不断发展变化的。

政策执行效果审计的政策内容随着经济发展与时俱进，也就要求审计人员具备宏观经济思维，洞察经济发展趋势，深刻理解政府出台重大经济政策的背景和目的，抓住政策制定实施的重难点和切入点，最终实现政策执行效果审计的目标，充分发挥其作用效果。

审计署的《"十四五"国家审计工作发展规划》把政策落实跟踪审计作为首要内容，明确指出以贯彻落实党中央、国务院重大决策部署，促进政令畅通为目标，加大对经济社会运行中各类风险隐患的揭示力度，及时发出预警；加大对重点民生资金和项目审计力度，维护人民利益。

（二）政策制定及执行过程的角度

从政策制定及执行过程的角度，政策执行效果审计的内容包括政策实施的结果和效果、政策实施的机制与过程、政策实施相关的资金与资源配置、政策实施相关的项目管理、政策制定的反馈评估等。

结合前文政策执行效果审计的具体目标分析,政策执行效果审计的内容应服务于"结果评价、原因分析与反馈建议"。因此,本书认为政策执行效果审计的内容可以分为三个部分:

一是"政策实施的结果和效果",通过该审计内容,完成对政策执行结果的评价,进而为利益相关者提供政策执行情况的信息。二是"政策实施的机制与过程、政策实施相关的资金与资源配置、政策实施相关的项目管理",通过该审计内容,完成对政策执行问题的原因分析,为利益相关者提供影响政策执行的原因思考。三是"政策制定的反馈评估",指在对政策实施过程和结果审计的基础上,评估政策的制定并向利益相关者反馈,为后续政策的完善与实施提供对策建议。

其中,审计内容的第三点,本书界定为"政策制定的反馈评估",是指政策实施后对政策制定进行评估而不是在政策实施前。审计被列入宏观管理部门,国家审计是党和国家监督体系的重要组成部分。[①] 结合我国审计机关的组织模式,本书认为国家审计是在党和国家领导下,发挥宏观管理的功能,本质上提供专业针对性的建议反馈,而不仅仅是鉴定评估。因此,政策执行效果审计关于政策制定的评估可界定为"反馈评估"[②]。

围绕政策执行效果审计内容开展的审计活动,还涉及审计对象的界定,依据政策执行过程理论(T. B. Smith,1973),审计内容和对象还应关注政策框架、政策执行主体(机构)、政策目标群体、政策环境等方面。

四 政策执行效果审计的本质

《最高审计机关国际组织绩效审计实施指南》指出绩效审计是国

[①] 2018年5月23日,中共中央总书记、国家主席、中央军委主席、中央审计委员会主任习近平主持召开中央审计委员会第一次会议的重要讲话内容。

[②] 蔡春等(2016)将其界定为"政策后评估"。(蔡春等:《政策执行效果审计初探》,《审计研究》2016年第4期。)

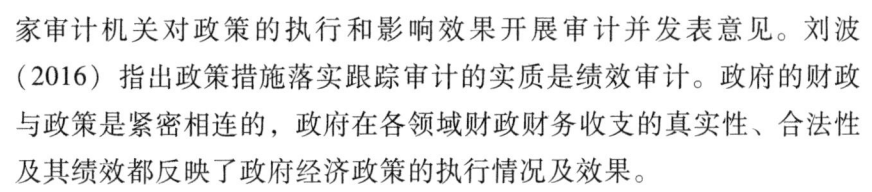

家审计机关对政策的执行和影响效果开展审计并发表意见。刘波（2016）指出政策措施落实跟踪审计的实质是绩效审计。政府的财政与政策是紧密相连的，政府在各领域财政财务收支的真实性、合法性及其绩效都反映了政府经济政策的执行情况及效果。

通过前文对政策执行效果审计的内涵、目标与内容的分析，本书认为政策执行效果审计在本质上是对政府受托制定和执行重大经济政策的绩效审计。进一步分析其本质内涵，本书认为我国的政策执行效果审计主要包含以下几个方面的本质属性：

(一) 是行政系统内部的一种监督制约机制

国家审计机关属于我国行政系统内部独立于被审计单位的行政机构，独立进行审计监督与制约，是行政系统内部的一种监督制约机制，是制约行政权最直接常用的方式。一方面该机制内置于行政系统，对行政系统的执政特征较为了解，进而审计监督制约的效率较高。另一方面审计机关具有较高的独立性，中央审计委员会的设立更增强了审计机关的权威性，进而能够大大提升审计监督制约的效果。

同时也应当注意到，政府行政系统内部权力本身的自我制约和解构能力不足，权力内部的利益不易被打破，因此如何提高审计的监督制约能力仍需要持续关注。

(二) 应包括对政策执行、政策效果和政策制定的评估，而不只偏重于政策执行

樊士德（2016）指出，我国目前的政策审计实践，主要关注国家重大政策的落实，而非真正意义上针对政策的审计。政策执行效果审计在本质上是对政策执行及效果进行绩效评估，还包括对政策制定的反馈评估。通过评价政策是否实现预期目标，进而分析可能的原因，分析体制机制方面的问题，促进重大经济政策的有效实施，最终保障和促进公共受托经济责任的全面有效履行。作为绩效审计，评价政策执行的效果应当是其重要内容。政策的执行、结果与政策的制定是一个完整的系统，审计不能只片面地关注执行问题。

(三) 本质应归为宏观审计，是"面"上审计而非"点"上审计

实践中，我国国家审计的传统业务是对财政财务收支的真实合理

性、合法合规性进行审计,更多关注资金使用、资金管理、具体业务中的资金收支过程等"点"上面的问题。政策执行效果审计是绩效审计的一种新模式,目前偏重具体的审计过程和内容,尚缺乏对审计人员、审计财务、审计信息的综合运用,缺乏制约监督的全局性和整体性审计。如针对财政政策、产业政策等整体系统的深入审计均较少。

政策执行效果审计,在本质上应归类于宏观审计,从宏观视角,对国家治理过程中的宏观政策制定与执行进行评价、监督与控制,重点关注宏观政策在体制机制上的障碍和制度性缺陷,进而促进宏观经济政策的整体有效落实。

(四)本质是政策系统审计,而非具体业务的审计

政策执行效果审计应当是一个政策系统的审计,而不是针对具体业务的审计。换句话说,不能将对政策系统的审计,简单等同于政策实施中的资金和项目业务审计。

政策系统审计可以从范围横向和时间纵向两个方面理解。横向方面,某类政策审计应当着眼于在全国范围内全面综合开展,收集该政策领域的全部信息和数据,包括各地区、各部门和行业的数据与信息,进而对整体政策的执行效果进行审计评价、监督控制并分析原因与体制机制问题,促进政策全面有效运行。纵向方面,应当对某类政策执行、效果及政策制定的一个期间内的信息和数据进行收集整理,审计其某个政策周期的整体运行。从时间纵向动态的角度评价政策的执行、结果与制定,对整体政策周期进行有效的审计评价与监督制约。

第三节 政策执行效果审计的应用理论

一 审计评价体系与评价标准

(一)政策执行效果审计评价路径

20世纪50年代政策科学产生,70年代政策评价的研究被质疑,被指政策评价的运用不足,利用率低。相应政策评价理论的研究也主

要集中在"以利用为中心的评价理论"和"关于政策评估目的的理论"等。进入 21 世纪,以 Kimberly A. Fredericks 等(2002)为代表的学者认为评估理论应从政府、多组织共同发起的视角来研究政策设计、制定、执行和评价。

在 Pressman 和 Wildavsky(1973)的《执行:华盛顿的伟大期望是如何在奥克兰破灭的》一书出版发行后,公共政策问题的研究领域迅速发展(DeLeon,1999)。政策执行的评价路径包括自上而下和自下而上两种,研究范式包括实证主义和后实证主义、宏观和微观执行研究。定明捷(2014)指出自 20 世纪 80 年代中后期起,中国的政策执行研究稳定发展,主要有自上而下、自下而上以及整合型三种研究分析路径。史吉乾(2016)提出政策执行效果审计的评价路径应采取自上而下的模式,增强政令畅通及政策透明度,通过审计纠偏提高政策落实效力。

国家审计机关作为政策评估主体之一,开展政策执行效果审计,能够更好地提升政策评估的利用率,充分发挥政策评估的作用。审计署《"十四五"国家审计工作发展规划》指出重点加强政策落实跟踪审计,大力推进对审计发现的政策落实问题的分析与整改。

本书认为,政策执行效果审计的评价应主要采用自上而下的路径,推动中央至基层的政策落实政令畅通,解决政策执行的"中阻梗"问题。同时,以人民为中心是习近平新时代中国特色社会主义思想的核心要义,应坚持立足维护人民群众根本利益的人民中心观,以人民利益为中心进行审计评价。审计署印发的《"十四五"国家审计工作发展规划》也对民生审计内容做了重点部署。

(二)政策执行效果审计评价模式

20 世纪 50 年代政策科学产生,政策评估主要关注政策的效果,并指出"政策效用"是指政策制定与执行对现实世界产生的所有效果。

在进行政策评估前,应当确立评估模式作为指导理念,评估模式可以将评估理论、方法与实践有机结合(赵峰和张晓丰,2011)。得到广泛应用的评估模式是德国学者韦唐(Evert Vedung)(1997)在《公共政策和项目评估》中系统分类的三大类:效果模式、经济模式和职业化模式，如表 3-1 所示。国内代表学者林水波和张世贤（1986）认为政策评估的类型应当包括政策执行评估、政策影响评估、经济效率分析和推测评估。评估模式的不同，其评估标准的侧重点也不同，可以侧重于政策执行，可以侧重于政策效果，也可以侧重于政策的利益相关方。

表3-1　　　韦唐（Evert Vedung）的公共政策评估模式

基本模式	模式细节
效果模式	目标达成模式
	附带效果模式
	结果—无目标模式
	系统单元—综合评估模式
	顾客导向模式
	利益相关者模式
经济模式	生产率模式
	效率模式
职业化模式	同行评议模式

国家审计机关作为评估主体的政策执行效果审计评价，应当借鉴经典的政策评估模式并结合审计目标与实践。本书认为，政策执行效果审计评价模式主要采用系统单元—综合评估模式，以及经济模式。综合评估模式下，不只局限于政策结果，还包括政策执行及政策计划（制定）。从系统论的角度，政策包括三个阶段：投入、转换和产出，三个阶段分别从描述（政策目标和政策现实情况描述）和判断（评估标准和评估判断）两个方面进行评估。政策执行效果审计的本质是政策绩效审计，因此也体现效果性、经济性和效率性的评估。

（三）政策执行效果审计评价指标体系

已有较多研究从不同角度出发，探讨政策执行效果审计的评价内容，并构建评价指标体系。

政策执行效果审计可以从宏观到微观划分不同的层面或层次进行评价。构建评价指标体系可以分为价值理念、专业标准、法律规章和专业知识四个层面，而评价模块的指标分为政策执行、政策成本、政策效果和政策预测四个层次（邱玉慧等，2013）。也可以分为"三维"层次：形式、事实和价值，进而从三个方面进行评价：政策在形式上的贯彻部署、在事实上的执行落实、在价值上的资金绩效与政策目标及社会价值实现情况（淄博市审计局课题组、侯全明，2016）。在"三维"层次的基础上，还可以划分为"五维"审计评价框架：事实维度、形式维度、价值维度、流程维度以及成长与学习评价维度（魏明和席小欢，2017）。

政策执行效果审计可以基于公共政策生命周期理论，以政策流程来构建评价指标体系（苏孜和王俊锋，2018）。还可以根据政策落实过程中的重点关注点，从政策落实、资金使用、项目建设和运营、体制机制运行和履责（重大违纪违法）等方面进行评价（王帆和谢志华，2019）。当专门针对某项政策进行审计评价时，还可以将具体政策要求作为评价标准，如依据《关于进一步加强扶贫审计促进精准扶贫精准脱贫政策落实的意见》来确立审计评价指标：资金使用情况、项目建设运营情况、政策落实情况、体制机制运行情况和重大违纪违法情况（王帆等，2019）。另外，建立审计评价体系可以综合使用平衡计分卡和 KPI 等方法（陈凤霞和张盛楠，2018）。

基于评价模式的分析，我们认为政策执行效果审计评价模式主要采用综合评估模式，评价体系的构建应当是基于政策全过程的评价，包括政策执行过程评价、政策实施结果评价和政策措施本身的反馈评价。

（四）政策执行效果审计的评价标准

政策执行效果审计的评价指标体系还需要科学的评价标准，已有较多研究围绕评价标准问题展开讨论。周德祥（2008）认为政策评价是以政策预期效果为标准，分析评价政策的实际效果。赵莉晓（2014）从"方案评估"、"执行评估"和"效果评估"三个方面构建创新政策的评估框架。方案评估的评价标准包括合理性、协调性及可行性；执行评估的评价标准包括政府主导性、协调性、系统性、回应度、充足性和影响力；效果评估的评价标准包括绩效和效率。张润泽（2010）认为形式、事实和价值维度应当被包含在公共政策的评估标准体系中。王彪华（2012）指出审计评价标准应包括政策知晓度、政策执行力、政策公平性、政策适当性、政策操作性、政策执行的地域差异性等。

政策执行效果审计的评价标准确定是重难点,王勇(2012)指出评价标准很难做到唯一,不同立场和不同视角可能评价结论不同;并且难以做到最优,行政型审计体制制约了审计机关进行政策审计的能力,难以同时满足中央、地方政府及民众的不同期望。王慧(2015)指出目前我国的政策落实跟踪审计的评价体系匮乏,存在评价标准不统一等问题。

国际知名政策分析专家威廉·N. 邓恩(2002)认为,政策评价标准应包括六类:效果、效率、充足性、公平性、回应性和适宜性(见表3-2)。效果指政策结果的价值以及政策目标的完成度,效率指为得到政策结果付出的代价情况,充足性指政策结果是否充分地解决了问题,公平性指政策成本和收益是否在不同集团间等量分配,回应性指政策结果是否满足特定集团的需要、偏好或价值观念,适宜性指政策结果或目标是否真正适合去做,是否真正具备价值。

表3-2　　　　　威廉·N. 邓恩的政策评价标准

政策评价标准	内容及含义
效果	关注政策的结果是否有价值,目标是否完成
效率	为得到有价值的政策结果而付出的代价
充足性(充分性)	关注有价值的政策结果是否能充分解决问题
公平性	不同集团间的成本和收益是否能够公平等量分配
回应性	政策结果是否满足特定集团的需要、偏好或价值观念
适宜性(适当性)	政策结果或目标是否真正适合去做、是否真正具备价值

国内学者林水波和张世贤(1986)认为政策评价标准包括投入工作量、绩效、效率、生产力、充分性、公平性、适当性、回应程度、过程、社会指标十个方面(见表3-3)。其中,投入工作量主要指为政策执行而投入的资源的质与量及分配情况;绩效指以具体目标为依据,评价政策对客观事物及环境所形成的影响,绩效既包括政策推动的结果,又含有民众心目中认定的满意程度;效率指投入工作量与绩效之间的一种比例关系;生产力指政策有无或在多大程度上解放生产

力促进生产力的发展；充分性指满足人们需要、价值或机会的有效程度，反映绩效的高低；公平性、回应程度的内容与威廉·N. 邓恩的定义一致；适当性指公共政策的目标、价值偏好及政策依据的假设是否合适；执行力指分析政策执行失败的原因，构建因果模型；社会发展总指标是指对社会状态与发展的数量描述与分析。

表 3-3　　　　　　　　林水波和张世贤的政策评价标准

政策评价标准	内容及含义
投入工作量	在政策执行过程中所投入的各项资源的质与量以及分配状况
绩效	依据具体明确的目标，分析政策对客观事物与政策环境所造成的实际影响，绩效既包括政策推动的结果，又含有民众心目中认定的满意程度
效率	投入工作量与绩效之间的一种比例关系
生产力	政策有无或在多大程度上解放生产力、促进生产力的发展
充分性	满足人们需要、价值或机会的有效程度，反映绩效的高低
公平性	成本和收益在不同集团间是否等量分配
适当性	公共政策目标和所表现出的价值偏好以及所依据的假设是否合适
回应程度	政策结果是否满足特定集团的需要、偏好或价值观念
执行力（过程）	分析政策执行失败的原因，构建因果模型
社会指标	对社会状态与发展的数量描述与分析

国内学者陈振明（2003）认为政策评价一般有如下五个标准：生产力、效益、效率、公正（公平）和政策回应度（见表3-4）。其中，除政策回应度外，其余四个标准与威廉·N. 邓恩及林水波和张世贤的观点一致。

表 3-4　　　　　　　　陈振明的政策评价标准

政策评价标准	内容及含义
生产力	政策解放生产力、促进生产力发展的情况
效益	政策目标的实现程度
效率	政策效益与政策投入之间的比率
公正（公平）	该政策相关的社会资源、利益及成本，由于政策的执行导致的不同群体间公平分配的情况
政策回应度	政策执行对特定团体需求的满足程度

借鉴这三种观点，结合政策执行效果审计的特点、评价模式以及评价指标体系，本书采用层次分析法（AHP），利用分解的思想将政策执行效果审计评价层次化，包括目标层、准则层和方案层，针对方案层指标设计审计评价标准，具体如表3-5所示。

表3-5　　　　　政策执行效果审计评价指标体系

目标层	准则层（一级指标）	方案层（二级指标）	审计评价标准
政策执行效果审计评价	政策执行过程	政策执行机制：反馈机制、保障机制、问责机制、纠偏机制以及监控机制等政策保障实施的机制	适当性：指政策实施的方案与机制适用于政策制定措施，与政策实施的具体环境相适应
			可操作性：指政策实施的方案与机制便于操作，有利于政策措施的顺利执行
		政策制定与执行主体	执行力：探求可能影响政策效果的原因
		政策享用与惠及群体	政策回应度：是否与政策预期一致，政策对象在多大程度上认为满足自己的利益要求
		公共资源配置与资金管理	合法性：与政策相关的公共资源配置与资金管理是否合法合规
			及时性：政策落实是否及时
			效果性：政策执行造成的实际影响
		政策性项目与资金管理	合法性：与政策相关的项目与资金管理是否合法合规
			及时性：政策落实是否及时
			效果性：政策执行造成的实际影响
		政策落实过程管理	合法性：政策落实过程是否合法合规
			及时性：政策落实是否及时
			效果性：政策执行造成的实际影响
	政策实施结果	政策实施的结果	完成度：政策是否按预期时间完成
			经济性：政策执行中投入的各项资源的质与量（投入工作量）
			效率性：投入工作量与产出效果之间的比例关系
			效果性：政策实施后形成的实际影响；政策目标的实现程度

续表

目标层	准则层 （一级指标）	方案层 （二级指标）	审计评价标准
政策执行效果审计评价	政策措施本身	政策措施制定的反馈评估	充分性：政策的制定满足人们需要、价值或机会的有效程度
			公平性：政策相关的资源、利益及成本在社会不同群体间的公平分配情况
			适当性：政策的目标、价值偏好及政策依据的假设是否恰当

政策执行效果审计评价指标体系的准则层分为三个部分：政策执行过程、政策实施结果和政策措施本身。其中，政策执行过程包括六个方面的指标：政策执行机制（审计评价标准有适当性和可操作性）、政策制定与执行主体（审计评价标准为执行力）、政策享用与惠及群体（审计评价标准为政策回应度）、公共资源配置与资金管理、政策性项目与资金管理和政策落实过程管理（后三个方面的审计评价标准分别有合法性、及时性和效果性）。

政策实施结果的审计评价标准有完成度、经济性、效率性和效果性。其中，本书吸纳实践元素[①]，创新性地提出在政策执行效果审计评价体系中增加"政策实施结果的完成度评价"，即评价该政策是否按预期时间完成，体现跟踪审计的特点。

政策措施本身的审计评价标准有充分性、公平性和适当性。结合政策执行效果审计的具体目标分析，本书认为针对政策措施本身的评价应当是一种"反馈评估"，即审计并非在政策实施前进行评估，而是在政策实施后，在完成政策执行及政策结果审计评价的基础上，评估分析导致政策落实及效果问题的深层次制度性或机制层面的原因，进而反馈分析结果。

二 风险评估与审计流程

识别和评估政策执行（效果）风险将为政策执行效果审计工作提

---

① 从后文政策执行效果审计的实践分析来看，进行了较多政策是否完成的评价，符合跟踪审计特点。

供必要的基础,指导进一步的审计程序,风险评估需要全面考虑造成偏差的影响因素,并按一定的评估流程进行,构建思路如图3-1展开：

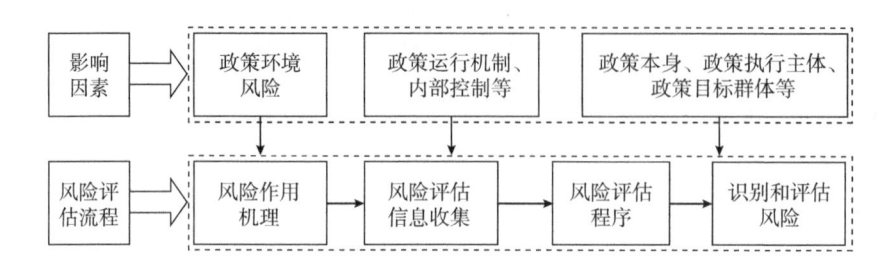

图3-1 识别和评估政策执行及效果风险的思路

（一）政策执行偏差的影响因素

依据风险导向审计原理,在政策执行效果审计之前应当进行政策执行风险评估,针对评估出的重大风险,合理安排配置审计资源,高效达成审计目标。

已有研究对造成政策执行偏差的原因和影响因素做了大量分析。最早研究构建政策执行影响因素及其过程模型的是美国政策科学家史密斯（T. B. Smith）,他在1973年的《政策执行过程》中提出的政策执行过程模型是最具代表性和影响力的政策执行模型,模型如图3-2所示。

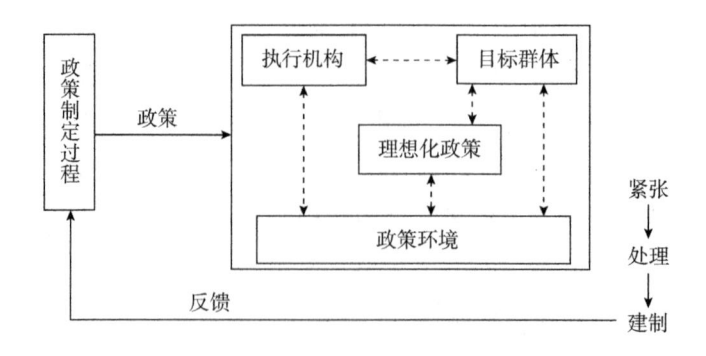

图3-2 史密斯的政策执行过程模型

从图3-2可以看出,史密斯的政策执行模型认为主要有四个变量

第三章 政策执行效果审计的基础理论与应用理论

在影响政策执行过程：一是理想化的政策，指政策制定者试图引导的理想化作用形式；二是目标群体，指受政策影响的人群，必须对政策作出反应以符合政策的要求；三是执行机构，指负责政策落实的部门或单位；四是政策环境，指影响政策落实的环境因素，如社会、文化、政治和经济环境可能支配着政策的执行。

其他学者也从不同角度进行了深入探讨。何东平（2006）指出导致政策执行偏差的原因主要包括政策本身、政策的执行主体、政策的运行机制、政策管理的体制和政策实施的外在环境。钱再见（2001）指出政策执行者是关键影响因素，包括执行者的态度、综合素质、利益需求和行为倾向等。吴开明（2009）认为政策实施受到"过程性因素"五种机制的影响：政策再界定机制、认知目标差异机制、规则摩擦机制、组织规范机制和信息反馈与监督机制。郑恒峰（2006）指出导致政策执行阻滞主要有三方面的原因：①政策制定的科学性、稳定性和公平性；②政策执行主体的利益、人员素质与机构；③政策环境资源不足、执行对象负面影响以及监控机制不健全。丁煌和定明捷（2004）指出针对"上有政策、下有对策"的非合作博弈，需要优化干部管理、绩效考核、行政监督、财政管理、责任追究及信息反馈等因素。张玉强（2014）指出政策"碎片化"的原因包括部门功能分工、中央对政策的控制力下降、部门追求自身利益和官员因素限制、缺乏政策协调机制等。建议从公共利益出发寻求多方利益均衡，扩大公民参与来防范政策碎片化。

以史密斯的政策执行过程理论为视角，借鉴已有研究成果，本书认为政策执行偏差的因素主要有五个方面：①政策本身：政策目标、政策内容与政策措施。②政策执行主体（机构）：执行者的态度、综合素质、利益需求、执行部门的协调分工。③政策目标群体：对政策的认同度、接受度和顺从度。④政策环境：政策环境资源的支持情况，包括政治、经济、社会和文化等外部的正式制度因素，以及组织文化等非正式制度因素。⑤政策运行机制：政策管理、政策协调、组织规范机制和信息反馈与监督机制等。

（二）了解政策执行及其环境与风险评估

通过前文对政策执行效果审计的本质目标和具体目标的分析，本书指出政策执行效果审计针对政策制定方面的评估，体现为政策制定的反馈评估，即在政策执行及政策效果评估的基础上，指出深层次的制度或机制原因，对政策制定进行反馈评估，提出完善建议。因此，我们在风险评估阶段，不直接考察政策制定的相关风险，即我们重点针对政策执行影响因素的后面四点展开风险评估。

遵从现代风险导向审计的理念，在开展具体政策执行效果审计前首先了解政策执行及其环境，并评估政策执行及效果可能面临的风险。具体我们从四个方面进行了解并评估。

1. 政策执行主体（机构）的执行力

审计主体应当了解被审计政策的执行主体（机构）构成。执行主体的部门构成，是单一部门还是多部门或单位合作，判断是否存在需要相互协调分工的风险。

审计主体应当了解政策执行主体的态度与综合素质。政策执行主体对待政策落实的态度是否积极，是否针对中央或上级下发的政策指令进行深入解读与进一步分解，是否投入足够的时间精力进行政策动员、政策宣传等工作；政策执行主体的人员构成及综合素质是否能胜任该项政策的落实，是否具有领导技巧，相较于执行主体以前的工作该项政策是否具有更大挑战，执行团队是否具有充足信心等，进而判断是否存在执行主体的态度与能力风险。

审计主体应当了解政策执行主体是否在以前出现过问题，整改情况如何，是否有相关人员违反"公务员法"等事项，进而判断政策执行主体的违规执政风险。

审计主体应当了解政策执行主体的利益需要。具体了解政策执行主体的权力、责任与利益诉求，了解该项政策的执行落实是否对执行主体造成不利影响，是否存在利益冲突；了解该政策执行主体的权力行使，是否是握有实权的部门，是否存在阻碍、扭曲政策执行的能力等，进而判断执行主体的利益冲突风险。

2. 政策目标群体对政策的认可程度

政策的有效执行在很大程度上有赖于政策目标群体的认可与积极配合。审计主体应当调研了解目标群体对政策的熟悉程度以及认同支持程度，了解目标群体的特征以及该政策对目标群体的利益影响，了解政策执行导致的多方利益变更与均衡问题，了解目标群体对政策的接受程度以及顺从程度，进而判断政策目标群体的接受风险，关注公共利益风险。

3. 政策执行的环境资源支持情况

审计主体应当了解政策出台背景，即与政策的生存相关联的空间因素。了解政策制定和政策实施时的政治、经济、社会和文化等外部正式制度因素。如"简政放权、减税降费"政策的颁布实施，其面临的经济环境是新常态下社会经济的"稳增长"压力，企业承受的高成本较大地影响了经济发展；其面临的政治环境是不断推进的民主政治，以及公众对政府的繁琐行政审批弊端的困扰等。

另外，审计主体应当了解政策制定和实施时的相关非正式制度因素，如组织文化。"简政放权、减税降费"政策的实施对象，主要是政府的相关行政机构，而相关行政机构存在依托非规范性收费来补充行政经费，以及行政组织存在官僚化效率低的情况。

4. 政策运行机制的保障情况

政策的有效执行需要规范的组织机制、严谨的管理协调机制以及合理的信息反馈和监督机制等保障。审计主体应当了解政策的相关运行机制制定及实施情况，如政策运行中政策主体、政策目标群体以及环境等出现冲突和紧张，是否有及时和针对性的协调机制，采用制度化和非制度化的方式对其进行处理和反馈；了解政策的组织实施机制是否规范，是否形成严谨的管理实施方案，如政策实施是否落实到具体责任人、是否政策流程清晰且目标明确，能够监督保障政策的顺利实施。

审计主体应当了解政策实施情况的信息反馈机制，是否存在反馈机制能够及时将政策执行中遇到的问题反馈给政策制定者或者上级权力机关，及时解决影响政策实施的不利因素；另外，审计主体应当了解是否按照信息公共条例，做到了政策制定和执行情况的信息公开，是否存在刻意隐瞒，即审计主体应当总体判断政策运行的保障风险。

在此基础上，我们可以形成风险评估的结论，包括总体风险的高低以及单项风险的高低。总体风险方面，即判断该项政策的制定与执行总体风险是否高；单项风险方面，即判断上述四项风险的高与低。

（三）风险应对与审计流程

审计主体了解被审计政策的制定执行及环境情况，同时对相关风险进行评估，进而针对评估的风险进行风险应对。具体而言，风险应对可以分为总体应对和具体应对。总体应对方面，针对总体风险评估为高的政策项目，分配更多的审计资源，如增加审计项目组成员、聘请相关领域的专家、安排更多的审计项目时间等。具体应对方面，针对单项风险评估为高的政策内容或因素，选择更为严格的审计程序、收集质量更高更充分的审计证据、在该单项内容方面分配经验更丰富的审计人员等。

借鉴一般审计类型的审计流程，政策执行效果审计的流程总体也可抽象为两个过程：审计调查过程和审计报告过程。具体的审计流程可以包含4个基本环节：①初步了解被审计政策及其环境，并评估风险。②实施政策审计过程。包括收集、评价和鉴定信息，审计主体收集相关审计证据，选择和依据一定的标准来对审计客体的公共受托执行政策的经济责任进行评价鉴定，进而判断政策执行、效果与制定。③报告政策执行效果审计的结果。审计主体将受托执行政策的责任履行情况进行审计信息反馈，形成审计报告，并反馈给委托人及相关的利益关系人。④审计纠偏保障受托责任的履行。审计主体针对审计发现的问题，在权限范围内直接纠偏；超过权限范围的问题，审计主体将问题及相关审计建议反馈给委托人，由委托人发布指令进行纠偏，保障受托执行与制定政策的经济责任有效履行。

三 政策执行效果审计的结果报告

审计报告是审计工作成果的载体，是审计主体向委托人和利益相关者传递审计信息的重要媒介，对于审计功能的发挥起着至关重要的作用。审计署武汉特派办课题组（程光，2018）指出在政策执行效果审计的结果运用方面，应明确审计报告的编写规范，落实审计发现问

第三章 政策执行效果审计的基础理论与应用理论

题的执纪问责，以及加强成果宣传。政策执行效果审计的报告应包含哪些内容以及如何规范其表达形式值得研究。

美国审计总署（GAO）对政策进行审计评估后，公布的审计报告中评价了政策执行的效果，并根据审计证据提出政策建议。法国审计法院会评价政策对社会的经济影响；印度最高审计机关在审计报告中说明政策的经济影响，同时指出政府根据审计意见对政策进行调整。

已有研究对政策执行效果审计报告的相关内容作了讨论。政策执行效果审计是绩效审计的一种新形式。张继勋等（2006）研究发现相比中国的绩效审计报告，美国绩效审计报告中的审计建议更加具体，具有很强的可操作性；审计报告中对审计发现问题及建议阐述得更详细。陈尘肇（2009）指出绩效审计报告的内容可以分为两大部分：标准化的内容和详细内容。

较多研究关注和借鉴国外相对成熟的政策审计。王彪华（2012）指出美国针对"不良资产救助项目"审计报告的特点体现在，更多反映政策执行的机制体制问题，更体现绩效性和时效性。王姝（2012）探索了公共政策审计的成果报告形式，认为可以对社会公众关注的公共政策事项进行独立报告，满足公共政策审计的"回应性"要求。也可以将公共政策审计结果整合进政府财务审计报告。如巴西的"5+2"政府财务审计报告框架中的一个专门板块是：政府经济政策的绩效评估。付宏琳（2016）分析了美国"复苏与再投资法案"的执行情况跟踪审计，指出审计报告表现出信息含量高且发布频率高的特点。张军等（2017）指出，我国的政策审计结果形式包括：审计报告、审计意见书、审计决定或向有关主管机关提出的处理、处罚意见；而美国的政策审计是出具标准化的绩效和问责年度报告。

实践中，我国审计署自2015年5月起向公众发布重大政策落实跟踪审计结果公告，2015年审计结果公告的发布频率为每月一次，2016年起改为每季度一次。重大政策落实跟踪审计结果公告的内容及形式也逐步地详细与规范。以下我们从理论层面探讨其报告内容以及报告形式。

(一) 政策执行效果审计的结果报告内容

按照国家审计准则等相关要求,审计报告主要包括的内容有:①审计依据,用于说明审计行为的合法性。②审计基本情况。③被审计对象基本情况,主要包括被审计对象职责范围、公共受托经济责任目标、相关财务和业务管理体制、与审计目标密切相关的内部控制和信息系统。④审计评价意见。在获取充分适当审计证据的基础上,依据审计目标和标准在审计职责范围内做出审计判断评价。⑤被审计对象存在的问题、整改情况及审计移送处理事项等,主要包括审计发现的违法违规问题、影响绩效的突出问题、内控重大缺陷问题等,以及针对这些问题的执纪问责处理。⑥审计建议,针对审计发现的问题提出针对性的可操作改进建议。

本书指出政策执行效果审计的具体目标可以分为三个层次:①评价与判断政策是否落实、政策效果是否达到预期。②分析政策落实及政策效果问题的直接原因,提出对策建议。③开展政策制定的反馈评估,分析导致政策落实及效果问题的深层次制度性或机制层面的原因,提出完善建议。

因此,本书认为,政策执行效果审计的结果报告应当由标准化内容和详细内容构成。其中,标准化内容包括审计依据、审计基本情况与被审计对象基本情况,详细内容包括:①审计评价意见,对重大政策的执行与效果是否达到预期进行评价并发表意见。②审计发现的问题及问责处理,反映审计过程中发现的重大政策执行和效果问题,以及相应的问责及审计整改处理。③审计建议,对重大政策执行和效果问题进行原因分析,对政策制定进行反馈评估,分析深层次的体制或机制原因,提出审计完善建议。

(二) 政策执行效果审计的结果报告形式

对政策执行效果审计的结果报告形式进行规范,包括报告的编写规范和发布规范。

借鉴美国政策执行情况跟踪审计的成熟经验,政策执行效果审计的结果报告形式是出具标准化的绩效和问责报告(张军等,2017),且审计报告中的问题发现和建议具有详细具体及可操作性强的特征

(张继勋等，2006)，更多反映政策执行的机制体制问题，更体现绩效性和时效性（王彪华，2012）。本书认为，政策执行效果审计的结果报告编写应当规范化，主要按照标准化内容和详细内容进行撰写，标准化部分反映政策执行效果审计的基本要素，详细内容部分反映政策执行效果审计的评价结论、发现的问题及问责处理、分析的详细原因及体制机制问题、提出可操作性强的完善改进建议。

政策执行效果审计的结果报告应当保持较高频率地对公众公告（付宏琳，2016）。在我国的实践中，政策执行效果审计的结果已经采用审计结果公告的形式定期发布。本书认为，应当继续保持实践中的专项审计结果公告定期发布的规范形式，增加政策执行情况审计的透明度，让公众更多地了解和参与重大政策的有效落实。另外，我国已经在逐步推进政府财务综合报告的审计，也可以在此审计报告中整合加入政府政策执行的评价结果，整体评价政府绩效。

第四章

政策执行效果审计实践的总体情况

恩格斯说:"卑劣的贪欲是文明时代从它存在的第一日起直至今日的动力。"(中共中央马克思恩格斯列宁斯大林著作编译局,2003)从受托责任履行人的角度来看,自身物质利益的追求,是导致营私舞弊的动机。另外客观的外部条件限制,也影响受托经济责任全面有效地履行,即可能是普遍存在受托经济责任的履行问题。政策执行效果审计结果公告是审计行为形成的审计信息的重要载体,是公众了解审计信息以及透过审计信息了解被审计对象情况的重要渠道,涵盖了与政策执行效果审计相关的重要内容。因此本书认为,审计机关发布的审计结果公告中揭示的情况可以较全面地反映审计对象、审计内容、审计评价等重要审计要素。

本书在审计理论的指导下,依托审计署发布的政策执行效果审计结果公告和地方的相关报告内容,分析中央和地方审计机关在实践中开展政策执行效果审计的总体情况,并以环保政策、"放管服"(涉企审批)、减税降费、扶贫政策等中央重大政策审计为主要研究对象,探析我国当前政策执行效果审计的实践,分析政策执行效果审计已取得的实践成果,进而针对可能存在的不足提出完善建议与措施。本书所指的政策执行效果审计结果公告,即实践中的"重大政策措施落实情况跟踪审计结果公告",本书将其简称为"审计结果公告"或"政策执行效果审计结果公告"。

第四章 政策执行效果审计实践的总体情况

第一节 政策执行效果审计的总体开展情况

一 审计署的开展情况

审计署于 2015 年开展政策执行效果审计，并在 2015 年 5 月起每月出具一份《重大政策措施落实情况跟踪审计结果公告》，2016 年起每季度出具审计结果公告，截至 2020 年底，审计署共出具 28 份《重大政策措施落实情况跟踪审计结果公告》。

通过对审计署重大政策落实情况跟踪审计结果公告的具体情况进行统计，发现审计署直接审计范围在逐年扩充，审计项目从 2015 年的 5510 个增长到 2019 年的 13595 个；审计对象实体不断增加，抽检单位从 2015 年到 2019 年增加了 4702 个；审计出的问题也有小幅上升；涉及问题金额巨大且增长较快，到 2019 年涉及问题资金已达 21419.33 亿元且其增长率高达 27.09%，如表 4-1 所示。这说明随着重大政策落实过程中涉及的资金、部门和人员越来越多，政策执行效果审计对于缓和我国主要社会矛盾、推进我国高质量发展发挥着举足轻重的作用，审计署对政策执行效果审计的力度在不断增强。

表 4-1　　审计署重大政策落实情况跟踪审计结果公告统计

年份	审计项目（个）	抽查单位（个）	反映问题（个）	问题金额（亿元）
2015	5510	5286	3260	—
2016	4491	3863	2391	—
2017	9252	5420	3446	14606.85
2018	10721	6584	—	16853.63
2019	13595	9988	—	21419.33
2020	—	4618	—	11126.68

注：因 2016 年第四季度和 2015 年 5 月和 12 月审计署出具的《重大政策措施落实情况跟踪审计结果公告》中未披露问题金额，故 2016 年和 2015 年的问题金额为缺失数据；因 2020 年第四季度未披露审计项目个数，故 2020 年"审计项目（个）"为缺失数据；且 2018 年、2019 年和 2020 年未披露反映问题数量。

二 地方审计机关的开展情况

我国要求中央及地方同时开展政策执行效果审计,其中审计署主要审计省级政府落实中央重大政策措施的情况,地方审计机关主要针对中央重大政策措施落实情况及地方重大政策措施落实情况开展审计。本书收集了各地方政府网站2015—2020年披露的信息,发现约13个省份单独出具并披露了结果公告,如表4-2所示。

表4-2　　　　地方政策执行效果审计及结果披露情况　　　　单位:次

省份	单独出具的政策执行效果审计结果公告(2015—2020年)
广西壮族自治区	29
辽宁省	15
海南省	15
黑龙江省	7
吉林省	7
青海省	6
浙江省	6
湖南省	5
广东省	5
山东省	4
上海市	2
西藏自治区	1
四川省	1
其他省份	0
合计	103

注:其余约18个省份未单独出具或披露政策执行效果审计结果公告。

资料来源:进入各省审计机关的官方网站,搜索关键词:政策落实、跟踪审计、审计结果公告、审计结果等,统计各地方的政策执行效果审计结果披露的情况。

2015—2020年,各地方共出具了单独的政策执行效果审计结果公

第四章 政策执行效果审计实践的总体情况

告103份，主要集中在广西壮族自治区、辽宁省和海南省3个省份，分别出具了29份、15份和15份地方公告。只有13个省份出具并披露了单独的政策执行效果审计结果公告，其余18个省份没有出具或披露，比例约占所有省份的61.29%。

各省出具的单独政策执行效果审计结果公告数量差距较大，可能的原因是在实践中，虽然地方按要求同步开展政策执行效果审计，但其审计结果公布时间和审计期间具有较大的自主性，没有像审计署那样形成规律的审计结果公告。大部分地方的政策执行效果审计结果主要汇总反映在各省（自治区、直辖市）的年度"预算执行和其他财政收支的审计工作报告"中，采用单独章节列示的方式反映。

因此，本书收集各个省份2015—2019年的《本级年度预算执行和其他财政收支的审计工作报告》，统计报告中政策执行效果审计的内容占比情况。① 具体地，本书分别统计报告中涉及政策执行效果审计的内容字数，以及地方的审计工作报告总字数，再分析内容占比情况（该省政策审计占比=该省政策执行效果审计内容字数/该省审计工作报告总字数），具体结果如表4-3所示。

表4-3 政策执行效果审计内容在地方审计工作报告中的平均比重

年份	政策执行效果审计内容在地方审计工作报告中的字数占比（%）
2015	24.03
2016	28.86
2017	34.79
2018	35.65
2019	35.59
平均	31.78

从总体占比来看，在各个省份2015—2019年的地方审计工作报告中，政策执行效果审计的内容平均占比为31.78%，达到总内容的

---

① 具体统计时，包含了民生项目和其他项目中涉及的政策执行效果审计的内容；由于截稿时，2020年大部分省份的审计工作报告尚未公开披露，本书只统计到2019年。

1/3左右。进一步分析2015—2019年各年的政策执行效果审计占比趋势，总体呈上升趋势。这表明地方政府也在逐步加大政策执行效果审计的力度，该新型审计模式受到的重视越来越高。

此外，本书还收集了各省份2016—2021年公开披露的年度审计计划，并统计了在审计计划中安排了政策执行效果审计计划的省份情况。一方面，公开披露了年度审计计划的省份有16个，占比约50%。另一方面，披露的57份审计工作计划中将政策执行效果审计作为年度重点审计计划内容的有52份，占比高达91.23%，表明此类新型审计模式得到了地方政府的高度重视，成为地方审计机关的重点审计内容。

第二节　政策执行效果审计的内容分布情况

实践中，政策执行效果审计重点关注了哪些中央重大政策措施的执行情况值得研究。根据2014年8月发布的政策执行效果审计工作方案，确定了19个方面、63项政策措施作为其审计的主要内容。2015年及以后，国务院及审计署没有再公开公布政策执行效果审计的工作方案。由于中央重大政策措施在一定时期内具有稳定性，因此，本书以此工作方案为基础，针对审计署2015—2020年公布的28份政策执行效果审计结果公告，分析政策执行效果审计的内容分布情况。

本书整合《审计工作方案》（国办发明电〔2014〕16号）和其他中央文件中提及的相关重大政策，整理出近年来我国政策执行效果审计关注的18项主要政策并进行编号。从表4-4可以看出，政策执行效果审计的主要审计内容基本覆盖了稳增长、促改革、调结构、惠民生等方面。其中，第9项涉农政策（政策9）的主要内容包括惠农、农村基础设施建设、乡村振兴、现代农业发展、农村饮水安全等众多与"三农"问题相关的政策。第13项重点项目推进政策（政策13）的主要内容包括有：①交通建设项目（铁路、机场、高速公路等）。②基础设施项目（没有区分农村、城市的基础设施项目）。

③区域开发建设项目（京津冀建设项目、长江经济带等建设项目）。
④重点工程推进项目（船闸工程等）、通信建设项目等。

表4-4　　　　政策执行效果审计的主要审计内容

序号	整合后的18项主要政策内容	政策简称
1	下放行政审批事项、推进简政放权政策、减税降费政策	简政放权政策（政策1）
2	加快棚户区改造、加大保障性安居工程建设力度政策	棚户区改造政策（政策2）
3	城市基础设施建设政策	城市基础建设政策（政策3）
4	生态环境保护政策、节能环保产业发展政策	生态环保政策（政策4）
5	发展养老、健康服务业政策	发展养老等产业政策（政策5）
6	信息文化产业政策	信息文化产业政策（政策6）
7	金融支持实体经济政策	金融支持实体经济政策（政策7）
8	以创新支撑引领经济结构优化升级政策	促进创新升级政策（政策8）
9	涉农政策	涉农政策（政策9）
10	实行精准扶贫政策	精准扶贫政策（政策10）
11	就业创业政策	就业创业政策（政策11）
12	加强社会救助、保障困难群众基本生活方面政策	社会救助政策（政策12）
13	重点项目推进	重点项目推进政策（政策13）
14	"六稳"政策	"六稳"政策（政策14）
15	防范重大风险政策	防范重大风险政策（政策15）
16	该省特色政策（其他政策）	该省特色政策（其他政策）（政策16）
17	存量资金政策	存量资金政策（政策17）
18	"三去一降一补"政策	"三去一降一补"政策（政策18）

一　审计署的审计内容分布

本书通过审计署2015—2020年公布的政策执行效果审计结果公告，分析审计署关注到的中央重大政策措施落实的情况。首先，进入中华人民共和国审计署官网，下载2015年5—12月每月以及2016—2020年每个季度出具的审计结果公告28份。审计署公布的公告一般有三个附件,分别具体说明审计发现的一些地区和部门政策落实较好的经验做法、整改较好的事例和政策落实的主要问题。由于政府审计最核心的功能仍然是揭示与纠偏问题,同时审计结果公告中的积极举措与整改内容规律性不强,本书只针对审计结果公告中的附件3《跟踪审计发现的主要问题》进行分析。

其次,分别解读2015—2020年28份政策执行效果审计结果公告的内容,人工文字分析后将其划分至18项政策类别,并分别计算18项政策在该份审计结果公告中的占比。计算方式为:单项政策问题所占比例=单项政策问题在该份政策跟踪审计结果公告中的字数/该份政策跟踪审计结果公告中提及的各项政策问题总字数。

最后,分年度计算各年各项政策问题在政策执行效果审计结果公告中的平均占比,并计算2015—2020年各项政策问题的平均占比。统计分析的结果如表4-5所示。

表4-5　　　中央政策执行效果审计的政策内容分布情况　　　单位:%

政策＼年份	2015	2016	2017	2018	2019	2020	平均
简政放权政策(政策1)	14.67	31.25	35.65	45.14	44.19	46.55	36.15
精准扶贫政策(政策10)	1.34	36.26	34.44	14.68	18.63	7.57	18.01
重点项目推进政策(政策13)	37.16	9.69	7.41	5.78	—	—	10.67
生态环保政策(政策4)	4.84	2.75	8.00	15.33	5.27	6.67	7.73
存量资金政策(政策17)	14.59	15.19	3.59	2.01	3.19	6.39	6.64
"六稳"政策(政策14)	—	—	—	6.78	16.73	6.46	6.08
涉农政策(政策9)	9.54	0.70	0.16	0.33	10.38	10.97	5.35
防范重大风险政策(政策15)	—	0.95	6.11	5.95	0.80	4.51	2.96
棚户区改造政策(政策2)	9.16	0.96	0.81	0.21	—	—	2.04
社会救助政策(政策12)	0.77	—	—	—	0.37	9.38	0.92
"三去一降一补"政策(政策18)	0.30	1.02	3.58	0.31	—	—	0.82
就业创业政策(政策11)	2.23	—	—	1.15	—	—	0.69
其他(政策16)	1.69	—	—	1.12	—	—	0.58
发展养老等产业政策(政策5)	1.68	0.54	0.25	—	0.44	—	0.53
促进创新升级政策(政策8)	0.82	—	—	1.21	—	—	0.43

续表

年份 政策	2015	2016	2017	2018	2019	2020	平均
金融支持实体经济政策（政策7）	1.21	0.69	—	—	—	1.51	0.41
城市基础建设政策（政策3）	—						
信息文化产业政策（政策6）	—						

注：表中政策的列示依据平均占比从高到低排列。

（一）被审计揭示的各项政策问题分布情况

从表4-5可以看出，2015—2020年的政策执行效果审计结果公告中揭示的政策问题基本覆盖了全部18项政策，但不同政策的问题揭示各有偏重。其中，揭示问题较多、平均占比大于5%的政策包括简政放权政策、精准扶贫政策、重点项目推进政策、生态环保政策、存量资金政策、"六稳"政策和涉农政策。

简政放权政策的问题揭示在2016年及以后一直占比最高，均达到30%以上。数据表明近年来国家全面深化改革、致力于深入推进简政放权与"放管服"、取消和下放行政审批事项、推进减税降费等事项。

精准扶贫政策问题揭示在2016—2020年的平均占比达到22%以上，体现了政府审计助力于扶贫攻坚任务。2014年底，中国仍有农村贫困人口7000多万人。政策执行效果审计在打赢脱贫攻坚战中发挥了重大作用。

重点项目推进政策、"六稳"政策和存量资金政策合计占比达到约23%，充分体现了政府审计在促进我国经济稳增长方面的功能发挥。2015年我国国内生产总值同比增长6.9%，自2009年以来首次跌破7.0%，我国经济发展正面临较大的稳增长压力。国务院自2013年下半年以来，已围绕稳增长出台了一系列政策措施。国务院要求审计署组织开展的政策执行效果审计，其首要任务也正是促进与保障稳增长等系列政策的有效落实。

生态环保政策问题揭示平均占比达到7.73%，体现了我国的政府审计致力于促进生态环境的保护。2011年国务院在发布的《国家环境保护"十二五"规划》中提出我国总体环境恶化的趋势并未被遏制，水污染、土壤污染和大气污染严重，重点海域水污染、土壤酸化和部分城市大气雾霾凸显，生态环境的破坏和污染对我国国民经济总产值造成巨大损失。2014年，环保局在《中国环境状况公报（2014）》中指出在161个地级及以上的城市中，仅有福建、舟山等16个城市空气质量达标，不达标比例高达90.06%。因此，自2015年起，审计署开展的政策执行效果审计通过促进生态环保政策及时有效落实，进而遏制生态环境的进一步恶化。

（二）被审计揭示的各项政策问题的趋势变动

审计机关对18项重大政策问题的揭示关注，在2015—2020年呈现出不同的变动趋势，其中：

简政放权政策占比总体呈现逐年上升的趋势，表明国家在不断加大对此类政策的重视程度，同时也可能表明此类政策执行中存在更多的难点和不足。

棚户区改造政策、重点项目推进政策和存量资金政策的占比总体呈现逐年下降的趋势。可能由于随着棚户区改造和重点建设项目的推进，项目及存量资金的问题正在逐步解决，也可能表明此类政策的问题明确，相对容易达到审计整改目标。

精准扶贫政策的问题占比总体呈现先升后降的趋势。表明政府审计助力脱贫攻坚任务，紧密结合了脱贫攻坚任务的推进进程，从不断深化、强力攻坚到最终胜利完成，从加大问题揭示到促进问题整改完善方面充分发挥了政府审计功能。

二 地方审计机关的审计内容分布

各个地方审计机关单独出具并披露的政策执行效果审计结果公告较少，而审计结果内容主要反映在各地方的年度《审计工作报告》中，因此本书通过收集2015—2019年各地方公布的审计工作报告，分析地方审计机关关注的重大政策措施落实情况。

首先，进入各地方政府官网，下载2015—2019年的地方审计工作报告，统计报告中涉及政策执行效果审计的内容[①]。其次，分别解

---

① 包括民生项目和其他项目专项审计中涉及的政策执行效果审计部分内容。

读报告中涉及政策执行效果审计的内容，人工文字分析后按照整理的18项政策进行归类、统计字数并计算单项政策在不同年份的各省审计工作报告占比。比例计算方式为：单项政策问题所占比例=单项政策问题在该份审计工作报告中的字数/该份审计工作报告中提及的各项政策问题总字数。最后，分年度计算各项政策问题在审计工作报告中的平均占比，并计算2015—2019年各项政策问题的平均占比[①]。统计分析的结果见表4-6。

表4-6　　　　地方政策执行效果审计的政策分布情况　　　　单位：%

政策＼年份	2015	2016	2017	2018	2019	平均
精准扶贫政策（政策10）	10.70	14.88	19.94	18.51	14.81	16.12
生态环保政策（政策4）	15.18	17.46	17.19	16.83	14.88	16.10
棚户区改造政策（政策2）	22.27	18.78	16.91	11.30	10.51	14.18
该省特色政策（政策16）	10.03	7.43	11.92	10.60	8.28	9.48
涉农政策（政策9）	8.31	4.27	7.46	12.34	10.13	9.07
防范重大风险政策（政策15）	—	1.00	8.89	12.39	9.97	8.01
发展养老等产业政策（政策5）	5.71	14.13	1.67	2.29	8.28	6.43
简政放权政策（政策1）	4.53	3.55	4.86	5.57	7.70	5.84
"六稳"政策（政策14）	—	—	—	1.63	7.67	3.19
重点项目推进政策（政策13）	5.43	5.16	3.98	1.93	1.22	2.85
促进创新升级政策（政策8）	4.26	0.97	2.01	2.22	2.46	2.29
社会救助政策（政策12）	0.80	2.46	2.45	1.28	1.23	1.60
就业创业政策（政策11）	3.67	0.73	0.91	0.71	2.15	1.58
城市基础建设政策（政策3）	6.45	2.48	0.44	1.54	0.07	1.40
金融支持实体经济政策（政策7）	1.47	2.29	0.83	0.84	0.11	0.83
"三去一降一补"政策（政策18）	—	3.18	0.15	—	0.44	0.64
存量资金政策（政策17）	0.98	1.21	—	—	0.09	0.30
信息文化产业政策（政策6）	0.19	—	0.40	—	0.00	0.09

注：表中政策的列示依据平均占比从高到低排列。

---

① 至截稿日2020年的地方《审计工作报告》尚未公布。

(一) 被审计揭示的各项政策问题分布情况

从表4-6可以看出，2015—2019年的地方审计机关开展的政策执行效果审计揭示的政策问题基本覆盖了全部18项政策，且政策揭示问题各有偏重。其中，揭示问题较多、平均占比大于5%的政策包括精准扶贫政策、生态环保政策、棚户区改造政策、该省特色政策、涉农政策、防范重大风险政策、发展养老等产业政策和简政放权政策。

其中，作为"三大攻坚战"的精准扶贫政策、生态环保政策和防范重大风险政策问题揭示合计占比达到40.23%，是地方审计机关重点关注的政策问题。此外，防范重大风险政策（政策15）从2017年起揭示问题的占比才超过5%成为地方政策执行效果审计的重点审计内容之一。这是由于在2017年10月提出三大攻坚战[1]以前，各省份就已经注意到生态保护政策和精准扶贫政策的落实，但防范重大风险政策的落实是在2017年才得到各地方政府的重视。"六稳"政策（政策14）只在2018年和2019年有数据，这是由于"六稳"政策是于2018年7月的中央政治局会议中首次提出[2]。涉农政策和发展养老等产业政策问题揭示合计占比达到15.5%，表明地方审计机关重点关注到地方民生问题。另外，该省特色政策问题揭示平均占比为9.48%，表明地方审计机关更多地关注了地方政府推行的重大政策措施。

(二) 被审计揭示的各项政策问题的趋势变动

棚户区改造政策和重点项目推进政策问题揭示占比总体呈现逐年下降的趋势。随着棚户区改造和重点建设项目的推进与完善，以及此类问题的不断整改完善，审计揭示该部分的内容逐年减少。各省份在这两项政策上审计发现的问题减少可能表明政策落实程度

---

[1] 2017年10月18日，习近平总书记在党的十九大报告中提出：要坚决打好防范化解重大风险、精准脱贫、污染防治的攻坚战，使全面建成小康社会得到人民认可、经得起历史检验。

[2] 2018年7月31日，中央政治局召开会议，分析研究当前经济形势，部署下半年经济计划，习近平总书记提出"要做好稳就业、稳金融、稳外贸、稳外资、稳投资、稳预期工作"。

提高。

简政放权政策等"政府效能"类政策问题的揭示占比总体呈逐年上升趋势。这与国家全面深化改革、大力推进政府职能优化息息相关，同时也可能表明，此类政策在推行中有较高难度或阻力较大，出现问题较多。各省份持续关注简政放权和减税降费问题，通过简政放权提高政府效能，更好地为人民服务。

精准扶贫政策、生态环保政策和防范重大风险政策三大攻坚战政策问题揭示占比总体呈现先升后降的趋势。可能与此类政策的推进进程相关，如脱贫攻坚政策从提出到攻坚再到胜利完成，审计同步发挥了揭示纠偏功能。

三 审计署与地方审计机关揭示内容的对比分析

（一）与地方相比，简政放权政策、重点项目推进政策、存量资金政策和"六稳"政策在审计署公告中问题揭示占比更高

党的十八大以来，国家全面推进深化改革，要求优化政府职能、释放市场活力、降低企业成本。而同时"简政放权"则意味着将减少地方政府的审批权力，减少地方政府的相关收费，较大程度地影响地方政府经济利益。因此，可能导致地方对此类政策的审计重视不足。

近年来，我国经济发展受到稳增长压力，而政策执行效果审计的首要任务正是保障稳增长等系列政策有效实施。因此，重点项目推进政策、存量资金政策和"六稳"政策受到中央政府的高度重视，也是审计署政策执行效果审计中的重点关注问题。此类政策中的重大项目、存量资金更多由中央政府主持或提供资金，而地方作为具体的执行落实责任方，地方本身在项目推进、资金管理、资金统筹等方面存在较多难点。此外，存量资金方面，由于一部分的中央财政资金直接归属于中央管理，在地方政府的层层下达之后才能被使用。中央对这部分财政资金管理有难度，而地方政府认为自身没有职责对其监管。最终致使这部分资金管理存在真空地带，导致在中央开展政策审计时发现有较大存量资金结余问题，而地方上却没发现。因此，中央政府层级更注重此类政策的有效执行与落实，而地方政府对此类政策的关注程度相对不足。

（二）与中央相比，棚户区改造政策和该省特色政策在地方审计工作报告中的问题揭示占比更高

棚户区改造政策，是中央决策部署，由各地方和部门贯彻执行的重大城镇民生保障政策。该项政策的组织实施与资金提供更多由省级政府提供，由市县级城市具体落实执行，因此地方政府更注重此类政策的有效执行与落实。该省特色政策主要指省级政府根据本省的特色环境与经济发展需求而制定的地方重大政策措施，比如，2019年，重庆市、新疆维吾尔自治区、江苏省和海南省等省自治区、直辖市为2019年年末突如其来的新冠疫情进行了新冠疫情防控政策落实情况的审计，山东省开展突破菏泽鲁西崛起政策落实审计；2017年，上海市针对本市内城镇化建设和传统建筑传承之间的矛盾开展了历史文化风貌区和优秀历史建筑保护相关政策审计；2016年，广东省对公共法律服务专项资金管理使用和政策落实进行审计。而中央未涉及该类政策，审计署审计的其他政策（政策16）只是包含未细化到另外17项政策之中的其他政策。相对于中央而言，地方政府会更加重视地方特色政策的有效执行与落实。

（三）生态环保政策问题在审计署公告中的揭示比例总体呈上升趋势，而在地方审计工作报告中略显下降趋势

生态保护与经济发展同等重要，但经济的发展可能破坏生态环境。在我国经济发展存在较大压力的情况下，两者的矛盾较为突出。地方政府同样承受经济发展与环境保护的难题。2015年，党的十八届五中全会明确提出"绿色发展"。绿色发展仍处在不断摸索的推进过程中，相较于中央政府的顶层设计，地方政府可能会更偏向于地方经济增长，而相对弱化生态环境保护。经济利益问题是影响环境政策落实的重要因素，即在政策中受益的一方会积极推动政策落实；反之，可能采取拖延、阻挠等策略干扰政策顺利执行。因此，相较于地方政府，中央政府在生态环境保护政策方面的关注度在总体上不断加强。

（四）简政放权政策问题在审计署公告中的揭示比例总体呈大幅上升趋势，而在地方审计工作报告中占比相对平稳

中央政府自党的十八大以来一直强调全面深化改革、优化政府职

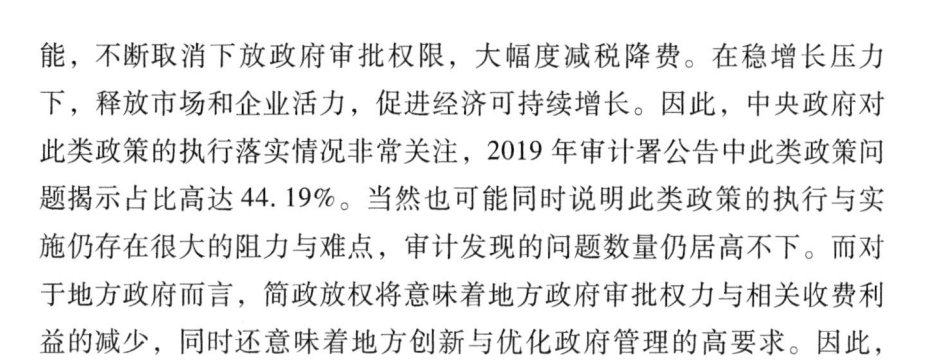

能，不断取消下放政府审批权限，大幅度减税降费。在稳增长压力下，释放市场和企业活力，促进经济可持续增长。因此，中央政府对此类政策的执行落实情况非常关注，2019年审计署公告中此类政策问题揭示占比高达44.19%。当然也可能同时说明此类政策的执行与实施仍存在很大的阻力与难点，审计发现的问题数量仍居高不下。而对于地方政府而言，简政放权将意味着地方政府审批权力与相关收费利益的减少，同时还意味着地方创新与优化政府管理的高要求。因此，中央层面不断大幅加大对此类政策的审计关注，而地方层面的主动性可能相对较弱。

第三节 政策执行效果审计与政府经济工作重心的关联情况

政府接受人民委托，开展国家治理工作，而政府工作在很大程度上依托重大政策的执行落实来推进，即经济政策是国家治理的重要工具。政策执行效果审计的目标是全面保障和促进政府重大经济政策的有效落实。因此，政策执行效果审计应当服务于政府的经济工作重心，通过促进重大政策的落实助力政府工作的推进。

本节进一步分析政策执行效果审计与政府经济工作重心的关联性。首先，下载2015—2020年的年度政府工作报告。报告一般由三个部分组成，其中包括去年工作回顾、今年经济社会发展总体要求和政策取向以及当年政府工作任务。其次，提取政府工作报告中的第三部分即当年工作任务的核心要点，与政策执行效果审计的18项政策进行匹配分析。最后，统计2015—2020年政府工作报告中提及这些政策的总次数。统计的结果如表4-7所示。

表4-7　政策执行效果审计与政府经济工作重心的关联分析

政策执行效果审计	政府工作报告中工作任务重点提及的政策次数（次）
"六稳"政策（政策14）	14

续表

政策执行效果审计	政府工作报告中工作任务重点提及的政策次数（次）
简政放权政策（政策1）	10
生态环保政策（政策4）	7
发展养老等产业政策（政策5）	7
促进创新升级政策（政策8）	7
就业创业政策（政策11）	7
城市基础建设政策（政策3）	6
信息文化产业政策（政策6）	6
金融支持实体经济政策（政策7）	6
社会救助政策（政策12）	6
涉农政策（政策9）	5
精准扶贫政策（政策10）	5
"三去一降一补"政策（政策18）	4
重点项目推进政策（政策13）	3
棚户区改造政策（政策2）	1
防范重大风险政策（政策15）	1

一 审计的重点与政府经济工作重心一致

年度政府工作报告中工作任务重点提及最多的政策包括"六稳"政策、简政放权政策和生态环保政策，这些政策也是中央开展政策执行效果审计的重点关注领域，其问题揭示在2015—2020年平均占比分别达到6.08%、36.15%和7.73%（见表4-5），都达到5%以上；后两项政策同时是地方审计机关的重点关注领域，其问题揭示在2015—2019年平均占比分别达到5.84%和16.10%（见表4-6）。此外，提及次数较多的发展养老等产业政策的问题在地方政策执行效果审计中揭示占比达到6.43%（见表4-6），这也属于地方政府较为关注的政策方向。

二 政府经济工作重心均有审计领域支持

对于2015—2020年度政府工作报告中的工作任务重点，政策执行效果审计的重点审计政策都能为其提供相应支撑，另外还有多项工作任务重点分别对应两项及以上的政策。比如，对于在多个政府工作报告中提及的"切实保障改善民生，加强社会建设"的工作重点，与此对应的发展养老等产业政策、信息文化产业政策、就业创业政策和社会救助政策都能为其提供保障支撑。政府工作任务重点均有重点审计领域支持，能够为更好地完成政府工作提供保障，充分发挥政府审计作为国家治理的基石和保障作用。

三 政策执行效果审计对政府工作重心的关注及时

在2016年提出"加强供给侧结构性改革，增强持续增长动力"的工作重点后，中央和地方审计机关都重点关注2016年实施的"三去一降一补"政策。在2017年提出"坚决打好三大攻坚战"和"大力实施乡村振兴战略"的工作重点后，生态环保政策问题揭示在审计署公告的占比从2017年的8.00%提高到2018年的15.33%；涉农政策问题揭示在地方审计工作报告中的占比从2017年的7.46%提升到2018年的12.34%。2017年首次提出"三大攻坚战"和乡村振兴战略，2018年首次提出"六稳"政策后，中央和地方审计机关都及时将"防范重大风险"和"六稳"政策纳入政策执行效果审计的重点关注范围。

第五章

环保政策执行效果审计实践

2012年党的十八大首次将生态文明建设作为"五位一体"总体布局的一个重要部分，党的十八届五中全会提出"创新、协调、绿色、开放、共享"的新发展理念，党的十九大报告指出坚持节约资源和保护环境的基本国策，2018年通过《中华人民共和国宪法修正案》，生态文明被首次正式写入国家根本法。可见，生态环境保护已成为党和国家高度重视的问题。

同时，中央不断推出生态环保的相关政策，如《国务院关于印发节能减排"十二五"规划的通知》《国务院关于印发大气污染防治行动计划的通知》《国务院关于重点流域水污染防治规划（2011—2015年）的批复》《国务院办公厅关于印发近期土壤环境保护和综合治理工作安排的通知》。2015年起施行新修订的《中华人民共和国环境保护法》，2016年接连发布《"十三五"生态环境保护规划》《控制污染物排放许可制实施方案》。

有效的监控机制是政策全面落实的重要保障。审计署按照国务院部署，对生态环境保护政策措施的落实情况进行审计。政策执行效果审计是审计主体针对审计对象开展的审计行为活动，包括依据一定的标准，对审计内容进行审计评价与分析，揭示审计问题与缺陷，提出审计整改建议，发挥审计效用促进重大政策的有效落实。本章收集整理2015年5月至2020年第四季度审计结果公告中关于环保政策审计的内容，研究分析实践中环保政策执行效果审计的审计对象、审计内容、审计评价、审计效用等重要审计要素。

第一节　环保政策审计的审计对象

审计对象或审计客体，指审计主体所作用的对象，包含两层含义：一是外延上的审计实体，即被审计单位；二是内涵上的审计内容或审计内容在范围上的限定。因此，本书将环保政策审计的对象从三个角度进行划分并分析其问题分布情况：①审计对象按政策流程划分，可分为政策执行过程、政策实施结果和政策措施本身。②审计对象按政策执行主体机构划分，可分为不同的政府部门、协会（委员会）、事业单位、公司企业等类型。③审计对象按行政归属可划分为31个省份、国家级系统等。

一　审计对象按政策流程划分

（一）环保政策执行的组织形式

中央发布的环保政策在具体执行时，可以根据组织形式的不同分为两种：一种是依托环保项目的政策，又可分为需申报审批和直接开展的环保项目，一般会涉及政策资金（项目）的使用与效果；另一种是无项目承载的政策，表现为制定和执行环保制度和环保措施等，一般不会涉及政策资金（项目）的使用与效果。两种组织形式的示意图如图5-1所示。

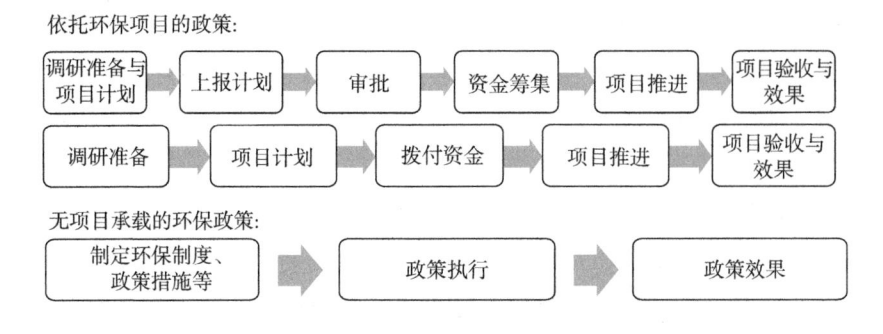

图5-1　环保政策执行的组织形式

1. 依托环保项目的政策

依托环保项目的政策，又可依据是否需要申报审批，分为需要申报审批的环保项目和不需要申报审批直接开展的环保项目。

需要申报审批的环保项目，适用于在中央统一政策要求下，各地方或部门依据自身实际情况申请项目后实施。该组织形式一般包含六个步骤：①中央或上级做宏观政策指引，地方或部门结合实际情况，进行前期调研准备；各地方或部门制订项目计划（包括项目资金预算、起止时间、目标效果等内容）。②各地方或部门上报项目计划。③中央或上级根据宏观政策要求，审查上报项目并审批。④审批通过的环保项目，进入实施阶段，依据项目计划的资金预算，筹集或拨付资金。⑤各地方或部门依据审批后的项目计划执行项目。⑥项目完成后接受检查验收，项目发挥效用。

该组织形式有利于在中央或上级的统一领导下，充分发挥各地的灵活性、主动性和创造性，针对不同条件的地区提出不同要求，采取不同方式，促进整体政策更好的执行。但地方或部门也可能由于在理论和实践层面的认识差异，以及中央资金与地方资金的统筹安排方面的协调问题，影响项目的推进与效率效果发挥。

不需要申报审批直接开展的环保项目，主要适用于项目内容在地方职权范围内，或内容较简单、变动较小的项目。该组织形式一般包含五个步骤，与需要申报审批的环保项目相比，减少了上报项目计划与审批的环节。该组织方式有利于环保项目的快速开展实施，有助于资金的统一安排规划，整体上提高了资金的分配与使用效率。但地方直接开展的项目是否符合中央大政方针、是否符合公众利益等问题，也可能影响项目效果。

2. 无项目承载的环保政策

无项目承载的环保政策，主要表现为环保制度、政策措施的制定与执行等，一般不会涉及政策资金（项目）的使用与效果。政策内容主要涉及基础的环保底线问题或较为紧迫的全国性问题，要求各地方或部门严格统一执行并达到预期效果目标，如淘汰黄标车、关停重污染项目等。其流程相较于依托环保项目的政策更为简洁，包括政策制度的制定、政策执行及政策效果。该组织形式通常依托中央和上级的政策指示和要求统一部署。

（二）按政策流程划分的审计对象分布

本书汇总了2015—2020年审计署所有审计结果公告中揭示的环保政策落实问题，并分析了环保政策的审计对象及其分布情况。环保政策的审计对象按照政策流程划分，可以分为环保政策执行过程、环保政策实施结果和环保政策措施本身，如表5-1所示。

表5-1　　　　　审计对象按环保政策流程划分　　　单位：次、%

审计对象	问题数量	比例	公告示例
环保政策执行过程	113	59.79	2017年8—9月，原浙江省海洋和渔业局化整为零，违规审批107.37公顷填海项目
环保政策实施结果	65	33.39	2014年，云南省国家改革委明确58个项目均应于2014年底前开工。截至2015年8月底，8个项目仍未开工，已下达的5870万元中央财政专项资金闲置
环保政策措施本身	6	3.17	海口市防护林造林工程任务量超过其实际可执行量，同时海口市实际造林面积也低于其宜林面积
多个对象①	5	2.65	2008—2012年，青海省国家改革委批复三江源生态保护区内玉树州、果洛州、海南州、黄南州等14个县的14个新建污水处理厂项目，截至2015年10月底，有11个项目尚未建成运营；因配套管网不到位，1个项目建成后未投入运营，2个项目试运营但未达到设计的污水处理能力

1. 环保政策执行过程

主要指在政策出台后，开展各项政策行动，将政策内容转为实际效果，实现既定政策目标的活动。审计揭示问题主要包括项目协调沟通不到位、资金使用违法违规、项目推进缓慢等。

2. 环保政策实施结果

主要指政策执行后实际形成的结果。审计揭示问题主要包括项目建成闲置、项目不适用、造成其他环境危害或存在长期潜在隐

---

① 可能同时涉及2个或3个审计对象。

患等。

3. 环保政策措施本身

主要指在中央重大政策措施指导下，结合自身特点，制定符合当地情况的环保制度或政策措施。审计揭示问题主要包括政策本身问题如专项资金使用受限或政策不切实际导致无法执行或推进缓慢。

根据表5-1统计的数据，我们可以看出，环保政策执行效果审计的审计对象按政策流程划分，政策执行过程与政策实施结果占比最多，分别达到59.79%和33.39%，两者相加超过总审计对象的90%，而环保政策的制定问题只占3.17%，关注程度相对较低。我们在理论层面指出政策执行效果审计应首先重点关注政策执行过程与结果问题，最后对政策的制定进行"反馈评估"。表5-1的数据表明，我国的政策执行效果审计目前正处于着力发现与揭示政策执行与结果的问题与偏差阶段，未来还需大力探析政策制定与推进机制等方面的缺陷与不足，更深层次地保障和促进重大政策的有效落实。

（三）审计对象进一步按环保政策执行的环节划分

从表5-1可以看出政策执行的问题占到总体的59%左右，同时结合环保政策的组织形式，有必要进一步细化分析。本书发现政策执行问题基本属于依托环保项目的政策问题，期间涉及环保项目政策执行的多个环节。因此，我们进一步把环保政策执行按照流程步骤划分为六个环节：调研准备与项目计划环节、上报环节、审批环节、资金筹集环节、推进环节与验收环节，划分结果如表5-2所示。

表5-2　　　　审计对象按环保政策执行的环节划分　　　单位：次、%

审计对象	问题数量	比例
调研准备与项目计划环节	107	55.15
上报环节	33	17.01
审批环节	31	15.98

续表

审计对象	问题数量	比例
资金筹集环节	14	7.22
推进环节	6	3.09
验收环节	3	1.55

注：由于一条审计公告中环保政策落实产生的问题可能涉及多个环节，因此合计数大于表5-1的"政策执行"数量。

从表5-2可以看出，审计对象进一步按政策执行的环节划分后，问题主要分布在项目推进环节、项目验收环节、调研准备与项目计划环节，分别占55.15%、17.01%和15.98%。其中，针对项目推进环节，审计揭示的内容主要包括项目协调沟通不到位、资金使用不恰当、项目建设推进缓慢、项目违规操作等问题；针对项目验收环节，审计主要揭示了项目验收不合规、地方自我查验决算工作拖延、验收只重数量而轻质量、未达标无法验收等问题；针对前期调研与项目计划环节，审计主要揭示了其存在准备不充分等问题。另外，项目上报环节、审批环节、资金筹集环节合计占比约10%。针对审批环节，审计揭示内容主要包括：未取得或未完整取得相关手续违规开工、违规办理登记、审核时间长、审批制度不完善等问题。

通过进一步地按执行环节划分，我们可以更清晰地了解审计对象的分布情况，即环保政策审计关注了环保政策执行从项目调研准备与计划到上报审批、从资金筹集到项目推进与验收的全过程。

另外，从统计分析结果来看，审计揭示的无项目承载的环保政策问题相对较少，而更多揭示了依托环保项目的政策问题。可能的原因是，在政策执行效果审计中更多关注了资金使用的合规、合理性，更多关注了项目的推进情况，而对"衡量指标"较少且未涉及财政资金使用的政策关注相对较少。审计机关能更敏锐地关注到环保政策执行与结果中的资金财务问题，对能够量化衡量，有明确指标标准的内容进行更多的审计判断。

综上，环保政策执行效果审计的审计对象按照政策流程可以分为环保政策执行过程、环保政策实施结果和环保政策措施本身。其中政策执行过程还可以进一步按环节划分为调研准备与项目计划环节、上报环节、审批环节、资金筹集环节、推进环节与验收环节。环保政策要达到预期的效果，要求环保政策的每一个流程环节都能有效执行，也就要求审计机关关注每一个政策流程中的审计对象。

二 审计对象按政策执行主体划分

环保政策按执行主体（执行人）的属性来划分，可以划分为政府部门、协会（委员会）、事业单位、公司企业等类型，还可以进一步按照国家级、省级、市级与县级来区分。环保政策的执行主体（执行人），是环保政策有效落实的责任人，也是政策执行效果审计的审计客体。审计对象按政策执行主体（执行人）划分及其问题分布情况如表 5-3 所示。

表 5-3　　　　　审计对象按政策执行主体划分　　　　单位：次

执行主体	国家级	省/直辖市/自治区级	市级	县/区级	合计
（一）政府部门					
地方政府		2	5	3	10
国土资源局			3		3
城乡建设局			3		3
发展改革部门		5	2		7
城市管理局			2		2
财政部门	2	2	1	1	6
水利部门		5	1		6
经济和信息化委员会			1		1
工信部门			1	1	2
特种设备审批部门			1		1
海洋局	1				1
环境保护部门	2	2			4
能源局	1				1

续表

执行主体	国家级	省/直辖市/自治区级	市级	县/区级	合计
煤矿安全监察局	1				1
卫生和计划生育委员会		1			1
政府部门合计	7	17	20	5	49
（二）企事业单位					
生态环境监测中心系统			1		1
房屋产权监理系统			1		1
事业资产管理中心系统			1		1
质量监督系统			1		1
防汛抗旱调度（信息）中心系统		1			1
企事业单位合计		1	4		5
（三）管理委员会			4	1	5
协会/管委会合计			4	1	5
（四）公司及其他			4	6	10
总计	7	18	32	12	69

注：如果某一条审计结果公告揭示的内容，涉及不同层级不同部门或者是相同层级不同部门，均单独计算一次。2018年3月国务院机构改革方案，已将国家海洋局职责整合至自然资源部，国家海洋局的海洋环境保护职责整合至生态环境部，环境保护部的职责整合至生态环境部。煤矿安全监察局更名为国家矿山安全监察局，仍由应急管理部管理。卫生和计划生育委员会职责整合至国家卫生健康委员会。本表数据仅包括审计公告中明确揭示责任主体的内容，有约2/3的问题未明确披露责任主体。

总体来看，环保政策审计揭示的环保政策问题，明确执行主体（执行人）责任的公告数量仅占总数量的36.5%（明确执行人责任的约69条，总数量约189条）。而另外的审计揭示问题仅提及某环保项目、某环保政策本身的进展情况或完成情况，即公告内容中未提及责任主体是谁，未提及该项目或政策的问题应当由哪些机构或部门负责。

本书对明确揭示了执行主体（执行人）的公告进一步划分执行部门，并划分执行部门所在政府层级。可以看出，环保政策审计的审计对象按照执行主体划分，表现出如下特点：

（1）国家级的政策执行主体被审计揭示的问题数量较少，执行主体主要包括环境保护部、财政部。被审计揭示的问题主要包括宏观层面环保政策是否尽快落实以及环保政策整体实行情况。

（2）省级的政策执行主体被审计揭示的问题主要集中在发展改革部门、水利部门、地方政府、财政部门、环境保护部门等，这些部门与环保政策落实、环保资金分配息息相关。被审计揭示的问题主要包括环保政策的部署与推进。

（3）市级的政策执行主体被审计揭示的问题数量最多，主要涉及地方政府、国土资源局、城乡建设局、发展改革部门和城市管理局等。审计揭示时能够更明确地界定政策责任主体，如某具体政府部门或机构。

（4）县级的政策执行主体被审计揭示的问题主要集中在环保政策的具体落实过程，如政府是否将环保政策有效落实到企业，企业是否遵循了环保政策，责任主体更加细化。

综上，环保政策审计揭示的问题，大部分（约 2/3）没有明确该问题的执行主体（执行人）或责任人，可能的原因是环保政策涉及的执行主体众多，难以明确细化；环保政策审计揭示的问题，较多涉及低层级的政府主体，且责任主体更具体、责任划分更清晰；环保政策审计揭示的问题较少涉及高层级的政府主体，且责任主体较笼统（如某政府）、责任判断更为宏观，主要涉及政策的部署与推进。

三 审计对象按行政归属划分

2015 年起审计署在全国范围内全面推行政策执行效果审计，主要审计中央重大政策措施在各地方的执行情况，一般由审计署及特派办在同一审计期间组织审计组覆盖 31 个省级政府开展审计，并在规定的审计周期汇总审计结果，向公众发布全国范围内的政策执行效果审计结果公告。[①] 因此，政策执行效果审计结果公告可以反映按照行政

---

① 2015 年 5—12 月为每月汇总发布一份审计结果公告，2016 年起为每季度汇总发布一份审计结果公告。

归属划分的审计对象。

本书汇总 2015—2020 年的政策执行效果审计结果公告,整理环保政策审计的内容,将审计对象按照行政归属进行划分(包括 31 个省、自治区、直辖市以及中央各部委),结果如表 5-4 所示。

表 5-4　　　　审计对象按行政归属划分　　　单位:次、%

省份	2015 年	2016 年	2017 年	2018 年	2019 年	2020 年	合计	占比
辽宁省	3	2	2	17	15	5	44	10.33
吉林省	2	1	3	18	7	2	33	7.75
湖南省	2		5	15	8	1	31	7.28
陕西省	2		2	11	8	2	25	5.87
广西壮族自治区	6		1	10	6	2	24	5.63
山东省	4		1	11	6		23	5.40
黑龙江省	7		4	7	4	1	23	5.40
江西省	3	1	4	8	3		19	4.46
宁夏回族自治区	2		1	5	8	2	18	4.23
重庆市	2			5	8	1	16	3.76
四川省	4		3	6	1	1	15	3.52
云南省	4	1		4	4	1	15	3.52
甘肃省	4	2	3	3	2		14	3.29
山西省	6		1		6	1	14	3.29
河北省	2	1	2	4	3	2	14	3.29
广东省	3		1	1	5	4	13	3.05
青海省	4	1	1		4		10	2.35
浙江省	2			1	4	2	10	2.35
内蒙古自治区	2			2	4	1	10	2.35
湖北省	1		3	2	3		9	2.11
海南省	1			3	4		8	1.88
河南省	4	1	1		2		8	1.88

续表

省份	2015年	2016年	2017年	2018年	2019年	2020年	合计	占比
江苏省	2		1		3		6	1.41
西藏自治区	1			4			5	1.17
北京市	1		1	2			4	0.94
天津市	1		1	2			4	0.94
安徽省	1		1	1	1		4	0.94
福建省	2	1					3	0.70
新疆维吾尔自治区	2				1		3	0.70
上海市					1		1	0.23
合计	80	11	45	145	119	26	426	

注：本表列示了除港澳台地区外的省级行政区数据。其中新疆维吾尔自治区包含新疆生产建设兵团数据。因一条公告可能涉及多个地域，故本表总合计数量更多。

总体来看，2015—2018年环保政策审计揭示的问题数量整体呈增长趋势，其中2017年、2018年增长幅度最大。表明政府及审计机关对环保政策执行情况的审计日益重视，整个社会对环境保护关注度逐步增强。

（1）有6个省份在5年内被审计揭示小于5次。2015—2020年被审计揭示次数小于5次的省份有北京市、天津市、安徽省、福建省、新疆维吾尔自治区和上海市。其中新疆维吾尔自治区可能因为开发程度较小，其余5个省份可能由于主要发展轻工业而环保问题较少或污染治理较好。

（2）审计揭示问题的地域集中度较高，前10个省份的问题数约占总数的60%。2015—2020年被审计揭示次数大于15次的省、自治区有10个：辽宁省、吉林省、湖南省、陕西省、广西壮族自治区、山东省、黑龙江省、江西省、宁夏回族自治区和重庆市，并且这10个省直辖市的揭示次数约占总数的60%，表明环保政策执行效果审计揭示的问题地域集中度较高。其中东北三省辽宁、吉林和黑龙江被审计揭示次数达100次，约占全部被揭示次数的23.48%，可能与其较集中发展重工业和较恶劣的自然条件有关。

依据民政部编写的《中华人民共和国行政区划沿革（1949—1997）》一书，将全国省级行政区划分为六大区：东北、西北、华北、华东、中南和西南地区。本书进一步将环保政策审计对象按照地理区域进行划分，并按被揭示问题数量由高到低的顺序排列，统计结果如表5-5所示。

表5-5　　　　　　环保政策审计对象按地域划分　　　　　单位：次、%

地区	2015年	2016年	2017年	2018年	2019年	2020年	合计	占比
东北	12	3	9	42	26	9	101	23.71
中南	17	1	11	31	28	2	90	21.13
西北	14	3	7	19	23	4	70	16.43
华东	14	2	8	24	16	5	69	16.20
西南	11	1	4	19	13	3	51	11.97
华北	12	1	6	10	13	3	45	10.56
合计	80	11	45	145	119	26	426	100

由表5-5可以看出，我国环保政策审计对象按地域划分，被揭示问题最多的主要有东北、西北以及中南地区。结合表5-4和表5-5的内容，环保政策执行效果审计对象按行政归属划分，呈现以下特点：

（1）东北地区被揭示问题最多的是东北三省：辽宁省、吉林省和黑龙江省。从政策执行效果审计结果公告揭示的内容来看，其环保政策执行问题涉及水、土壤、大气等各个方面。这与东北地区主要是老、重工业城市，环境污染严重，近年来均面临升级改造有关。

（2）西北地区被揭示问题最多的是陕西省、宁夏回族自治区、甘肃省等地。从审计结果公告揭示的内容来看，其环保政策执行问题主要体现在污水处理设施建设不到位、环境影响评价工作未按条例执行，以及大气污染防治政策完成度不高三个方面，可能与西北地区特殊的地理气候有关。

（3）中南地区被揭示问题最多的是湖南省和广西壮族自治区。湖南地区问题主要涉及污水防治，可能与湖南地区内江河湖泊流域众多有关。广西壮族自治区由于特殊的地理气候以及地理位置，问题更多集中在自然保护区生态环境保护方面。

其他被揭示次数较多的省份分布较为分散，湖南和江西土壤污染问题明显，主要表现为重工业发展产生的重金属和土壤垃圾的不合理处置等；河北和山东水资源问题和自然保护区等综合环境问题被审计揭示较多，指出对海洋环境的影响较严重；陕西、甘肃主要表现为水污染治理和城市污水处理管网建设等问题。

第二节 环保政策审计的审计内容

政策执行效果审计被普遍认为是绩效审计的一种新形式，政府审计机关需要对政策落实的有效性进行分析与评价。环保政策审计的内容主要指环保政策落实所包含的内容。

一 审计内容按环保类型划分

依据政策执行效果审计工作方案以及审计结果公告，环保政策的审计内容可以划分为五项主要的环保类别：水资源、大气、土壤、节能减排和综合。

（一）水资源

环保政策的审计内容水资源主要包括城市污水处理和管网建设等项目。审计揭示的问题主要有前期规划设计方案不合理、建设工艺落后、建设中资金问题推进缓慢、建成后管理不善等。

（二）大气

环保政策的审计内容大气主要包括工业燃煤、交通黄标车和农业秸秆燃烧等产生有害或高污染气体的项目。审计揭示的问题主要有要求整治的目标未达到、没有相关的经营许可和环境评价而开展高大气污染项目等。

（三）土壤

环保政策的审计内容土壤主要涉及垃圾和重金属填埋和随意弃置等方面。审计揭示的问题主要有地方在执行相关政策项目时工作滞后、推进缓慢从而导致资金闲置、达不到治理目标等。

（四）节能减排

环保政策的审计内容节能减排主要涉及煤炭行业淘汰落后产能项目（关闭矿井）、化解煤炭过剩产能、平板玻璃行业淘汰落后产能项目等。审计揭示的问题主要有项目推进缓慢、项目资金闲置、项目未达到预期效果等。

（五）综合

环保政策的审计内容综合主要涉及自然保护区、养殖场等对自然环境有明显超过一项环境类别的影响且影响程度较大的项目。审计揭示的问题主要有从事的活动未通过环评批复、未达环境要求、相关项目未按规定要求等导致的违规操作、规划重叠、各组织和部门协调不到位等问题。对于审计公告中未指明环境资源类型的部分，考虑环境系统整体性和联动性，我们将此部分划分至综合内容。

在五项环保类别下，环保政策可以进一步细化到环保项目或环保具体政策。因此，我们针对五项环保类别进一步细化审计内容，可以看出以各类项目来承载政策的方式较为普遍，如表5-6所示。

表5-6　　　　　　　审计内容按环保类型划分

一级审计内容（环保类别）	二级审计内容（环保项目或具体政策）	问题数量（次）
水资源	污水、污泥处理项目	49
	江、河、湖泊流域治理与保护项目	8
	饮用水水源保护与治理项目	7
	水污染预防和治理项目	6
	关闭或搬迁禁养区内的畜禽养殖场（小区）和养殖专业户	5
	水利工程项目	4
	水库工程项目	3

续表

一级审计内容（环保类别）	二级审计内容（环保项目或具体政策）	问题数量（次）
水资源	改造加油站地下油罐项目	3
水资源	垃圾渗滤液防渗处理项目	3
水资源	其他	12
水资源小计		100
大气	机动车污染治理工作	8
大气	淘汰黄标车项目	6
大气	淘汰燃煤小锅炉项目	4
大气	燃煤企业锅炉改造项目	1
大气	油品质量升级项目	1
大气	秸秆综合利用试点项目	1
大气	粪污处理沼气提纯压缩项目	1
大气	其他	3
大气小计		25
土壤	重金属污染防治与监测项目	5
土壤	土壤污染预防和治理项目	3
土壤	其他	3
土壤小计		11
节能减排	煤炭行业淘汰落后产能项目（关闭矿井）	2
节能减排	化解煤炭过剩产能	1
节能减排	平板玻璃行业淘汰落后产能项目	1
节能减排	其他	3
节能减排小计		7
综合	自然保护区生态环境保护	14
综合	环境治理、监测与影响评价项目	10
综合	污染防治工程	4
综合	生态补偿项目	2
综合	垃圾处理项目	2
综合	其他	16
综合小计		48
合计		191

注：有两条审计公告涉及两项内容，因此合计总数比189个多2个。

环保政策的审计内容按五项环保类别及项目细化后，其分布及审计问题的揭示具有以下特点：

（1）环保政策审计内容中"水资源"类别被揭示的问题最多，数量为100个，占比约52%。可能的原因有：一方面，水资源问题较严重且较为普遍，审计机关对此进行重点审查与监督；另一方面，水资源的问题较其他资源问题较容易发现，审计调查与取证更方便。审计内容中的"综合"与"大气"被揭示的问题也较多，分别为48次和25次，合计占比约38%。随着经济社会的发展，其他资源相关的环保问题也会越来越突出，审计机关逐步加强关注。

（2）审计内容"水资源"类别中被审计揭示的问题最多的是污水污泥处理项目，主要涉及污水处理设施项目、污水管网工程项目、污水处理厂的改建扩建项目等。审计机关主要依据2013年《国务院关于印发水污染防治行动计划的通知》（国发〔2013〕37号）中提及的措施。另外该文件中提及的改造加油站地下油罐项目、垃圾渗滤液防渗处理项目等也被重点关注。

（3）审计内容"综合"类别中，被审计揭示问题较多的包括：自然保护区生态环境保护项目、环境治理、监测与影响评价项目；审计内容"大气"类别中，被审计揭示问题较多的包括机动车污染治理工作、淘汰黄标车项目、淘汰燃煤小锅炉项目等。

二 审计内容按政策性质划分

本书在归类审计公告中涉及的环保政策审计内容时发现，针对不同的政策性质内容，审计关注的重心有较大区别。如针对环保相关的项目建设，审计通常关注是否按时完工，完工之后项目设施是否被限制，项目建设的效果如何；针对国家为环境保护提供的专项资金，审计通常关注是否被合理及时地使用；针对不涉及资金的环保政策，审计通常关注政策的完成度以及政策落实的效果如何。因此，我们将审计内容按政策性质和审计关注重心划分为项目建设、专项资金、非项目类政策、项目建设与专项资金，统计结果如表5-7所示。

表 5-7　　　　　环保政策的审计内容按政策性质划分

审计内容	问题数量（次）	占比（%）
项目建设	93	49
专项资金	18	8
非项目类政策	57	31
项目建设与专项资金	21	12
总计	189	100

由表 5-7 可以看出，环保政策的审计内容按政策性质划分后，其问题分布具有以下特点：

（1）环保政策审计内容中的项目建设被审计揭示的问题最多，占比约 49%。被揭示的问题主要包括污水处理设施建设项目等是否按时完工，建成的环保项目是否闲置，发挥的效益是否达到了预期目标等。

（2）非项目类政策审计内容，被审计揭示的问题占比约 31%，主要包括相关环保政策落实是否在规定期限内完成、完成度如何，如黄标车淘汰是否达到了预期目标，以及是否符合政策规定。

（3）单项专项资金审计内容，被审计揭示的问题占比较少，主要包括中央拨付的环保专项资金是否及时使用，使用过程中是否充分发挥其效益、专项资金是否有闲置的情况。专项资金的问题也通常在项目建设内容中一起被审计关注。

第三节　环保政策审计的审计评价

对政策的执行、效果与制定开展审计评价是政策执行效果审计的重要目标。有必要分析实践中国家审计机关针对环保政策落实做出了哪些方面的具体审计评价，是否与理论上研究分析的评价体系一致，是否存在较大差距与不足？或者如何从理论层面更好地指导实践开展政策审计评价。同时，实践中是否存在一些需要纳入理论评价体系的内容，进而从实践认知反过来促进理论体系的完善？

一 政策执行效果审计评价体系的实践运用

本书第三章对理论上的政策评价路径、评价模式、评价标准和评价指标体系做了详细讨论，为了方便地对应分析实践中的环保政策审计评价，我们仍在此列示出理论上的政策执行效果审计评价指标体系，见表5-8（与表3-5一致）。

表5-8　　　　　　政策执行效果审计评价指标体系

目标层	准则层 （一级指标）	方案层 （二级指标）	审计评价标准
政策执行效果审计评价	政策执行过程	执行机制： 反馈机制、保障机制、问责机制、纠偏机制以及监控机制等政策保障实施的机制	适当性
			可操作性
		政策制定与执行主体	执行力
		政策享用与惠及群体	政策回应度
		公共资源配置与资金管理	合法性、及时性、效果性
		政策性项目与资金管理	合法性、及时性、效果性
		政策落实过程管理	合法性、及时性、效果性
	政策实施结果	政策实施的结果	完成度、经济性、效率性、效果性
	政策措施本身	政策措施制定的反馈评估	充分性、公平性、适当性

本书在理论分析政策执行效果审计评价体系的基础上，考察实践中的环保政策审计评价。我们整理所有政策执行效果审计结果公告中关于环保政策执行及效果的问题揭示，仔细分析判断其审计评价，并归纳到环保政策审计评价体系表（实践）中，见表5-9。在依托审计结果公告内容，具体整理实践中审计机关的审计评价时，本书做了如下处理①：①对于审计结果公告中明确提及相关政策应当在某一时间点前落实到位的（政策执行期满），或者对当前政策落实的效果进行描述的，我们将其分类为政策执行结果；反之，若未提及政策要求期满，则分类为政策执行过程。②审计结果公告提及问题产生原因的，

---

① 第六章、第七章和第八章政策审计评价的实践整理，均进行了相同处理。

如事前、事中及事后监管等，表明审计机关对该问题的原因进行了剖析，我们将其归类为执行机制等。③对于政策执行过程的审计评价，若提及未按政策规定予以落实的（"违规""未按规定""与规定不符"等表述）归类为"合规合法性"；明确表述未及时落实或未在规定的时限内办理的，归类为"及时性"。④其他审计评价，依托理论的审计评价体系进行对应归类。

表 5-9　　　　　　环保政策审计评价体系表（实践）

准则层 （一级指标）	方案层 （二级指标）		审计评价标准	公告数量 （条）	合计 （次）
政策执行过程	执行机制	保障和监控机制	适当性、可操作性	7	7
^	执行过程	政策享用与惠及群体	是否符合预期	0	0
^	^	公共资金与资源配置	合理性、有效性	0	0
^	^	政策性项目与资金（资源）管理	合规合法性	9	84
^	^	^	及时性	68	^
^	^	^	有效性	7	^
^	^	政策落实过程管理	合规合法性	20	34
^	^	^	及时性	13	^
^	^	^	有效性	1	^
小计					125
政策实施结果	政策实施的结果		项目或资金完成度	6	35
^	^	^	政策完成度	29	^
^	^	^	经济性	0	0
^	^	^	效率性	12	12
^	^	^	效果性	22	22
小计					69
政策措施本身	政策制定		科学性	4	5
^	^	^	合理合法性	0	^
^	^	^	协调性	1	^
小计					5
合计					199

注：审计结果公告中涉及环保政策问题共189条，其中有少量在同一条中涉及两个或以上的审计评价。

第五章 环保政策执行效果审计实践

从实践中的环保政策审计评价体系表 5-9 中可以看出：

（1）审计评价主要集中在政策执行过程与结果，较少涉及政策措施本身。

环保政策审计对政策执行过程的评价最多，达到 125 次，对政策实施结果评价 69 次，而对政策措施本身进行的审计评价只有 5 次。其中，政策措施本身只少量关注到制定的科学性（4 次）和部门配合的协调性（1 次）。表明环保政策审计更多关注政策的执行和结果，对政策措施本身关注较少。

（2）较少对政策执行机制做评价。

对政策执行过程的审计评价，更多集中在政策执行过程本身，而很少对政策执行机制进行评价（仅有 7 次）。表明在实践中，政策执行效果审计还是很少对问题原因进行深入分析，很少对环保政策保障监控机制的适用性、可操作性做评价。

从审计评价的政策执行机制问题来看，主要包括保障和监控机制，如指出某部门在限定时间内并未保障环保项目的进展程度，因此使该项目错过了黄金时期。而实践中尚未对执行机制中的反馈机制、问责机制与纠偏机制进行审计评价。

（3）政策执行过程的审计评价主要集中在政策性项目与资金管理。

对环保政策执行过程的审计评价主要包括政策制定执行主体、政策享用与惠及群体、公共资金与资源配置、政策性项目与资金管理和政策落实过程管理等方面。从实践中审计评价来看，主要集中在政策性项目与资金管理（84 次）与政策落实过程管理（34 次）。表明审计机关在政策执行效果审计中仍主要以资金或项目为主线开展审计工作。

（4）对政策执行过程主要进行及时性评价，较少进行有效性评价。

针对政策性项目与资金管理与政策落实过程管理的审计评价主要包括合规合法性、及时性和有效性。其中，及时性的审计评价最多（68 次和 13 次），合法合规性次之（9 次和 20 次），而有效性的评价

89

最少（7次和1次）。及时性主要评价如环保项目是否及时推进，资金使用是否足额到位等。表明审计机关在政策执行效果审计中仍承袭了已有审计思路，更多的是关注资金使用、项目进展的及时性，以及项目资金管理使用的合法合规性，而对有效性关注较少。

（5）实践中未对政策享用与惠及群体、公共资金与资源配置进行审计评价。

实践中对于环保政策执行中涉及的政策享用与惠及群体、公共资金与资源配置，未进行对应审计评价。可能的原因是，审计尚未从受益群体的角度或者从资源配置的角度进行更深层次的分析评价。

（6）实践中针对政策实施结果增加了政策完成度的审计评价。

在理论审计评价体系中，对政策实施结果的审计评价包括经济性、效率性和效果性，而在实践中，审计评价还增加了项目（资金）或政策的完成度，即评价项目（资金）或政策是否完成。对项目（资金）或政策是否完成的审计评价达到35次，占所有政策实施结果审计评价的一半，如审计指出在《国务院关于印发大气污染防治行动计划的通知》政策的指引下，淘汰黄标车项目超过限定时间还未完成等。可以看出，实践中的政策审计更多地通过评价政策是否完成，进而促进政策（项目）的推进。

（7）对政策实施结果的绩效审计评价较少。

实践中对于政策实施结果的经济性、效率性和效果性的评价总体较少。其中，三项绩效审计评价中，对政策实施结果的效果性审计评价相对较多（22次），对政策实施结果的效率性审计评价次之（12次），而没有对政策实施结果的经济性开展审计评价（0次）。效果性审计评价主要揭示项目（资金）或政策未达到预期目标，如建成的污水处理厂闲置等。效率审计评价主要揭示项目或政策投入的资金或时间与政策实施效果并未形成正向关系。总体来看，环保政策审计中，审计机关对政策绩效方面的关注仍较少。

二 环保政策审计评价的政策依据

政策执行效果审计是通过发现政策执行存在的偏差，进行审计纠偏，进而促进重大政策达到预期目的与效果。政策执行是否存在偏差，其执行效果是否达到政策预期，需要审计机关根据审计标准进行判断，而政策依据是实践中政策执行效果审计的重要审计标准。

针对环保政策的审计，本书整理了近10年（2011—2020年）中央的环保政策发布情况，如表5-10所示。其中涉及"水"类别的政策86个，"大气"类别的政策13个，"土壤"类别的政策9个，"节能减排"类别的政策12个，"综合"类别的政策108个。

表5-10　　　　　　　　　环保政策发布情况汇总

类别	政策数量（个）	占比（%）
水	86	38
大气	13	6
土壤	9	4
节能减排	12	5
综合	108	47

注：涉及多个方面的政策文件，主要是环保大类。

本书同时从审计结果公告中梳理出政策执行效果审计中被审计机关引用，作为审计标准（政策依据）的环保政策，如表5-11所示。可以看出，在审计结果公告中明确提到的环保政策依据仅有9条。

表5-11　　　　　　　　　环保政策被审计引用的次数

政策文件	文件号	次数
《国务院关于印发水污染防治行动计划的通知》	国发〔2015〕17号	58
《国务院关于印发大气污染防治行动计划的通知》	国发〔2013〕37号	16
《国务院办公厅关于印发近期土壤环境保护和综合治理工作安排的通知》	国办发〔2013〕7号	9
《国家发展改革委、财政部关于推进园区循环化改造的意见》	发改环资〔2012〕765号	1
《规划环境影响评价条例》	中华人民共和国国务院令第559号公布	1

续表

政策文件	文件号	次数
《国务院办公厅关于加快推进畜禽养殖废弃物资源化利用的意见》	国办发〔2017〕48号	1
《广东省海岸带综合保护与利用总体规划》	粤府〔2017〕120号	1
《中华人民共和国自然保护区条例》	中华人民共和国国务院令第167号发布	1
《推进运输结构调整三年行动计划（2018—2020年）的通知》	国办发〔2018〕91号	1

注：次数由审计公告或审计方案中提及的审计依据判断并汇总得出。

根据表5-11可以看出，《国务院关于印发水污染防治行动计划的通知》被审计引用，作为评价标准的次数最多。审计机关以该政策文件作为审计标准和评价依据，针对"水"政策揭示的问题主要包括污水处理设施建设以及配套管网建设、敏感湖泊区域排放标准、工业污水处置标准、垃圾填埋场防渗处理等内容，本书追溯到政策文件的原文，可以看出这些内容均在该政策文件中做出了明确的规定。《国务院关于印发水污染防治行动计划的通知》的政策文件相较于其他政策文件在内容分类上更详细，规定和要求方面更标准化，因此更容易被审计机关作为审计标准的量化或者定性指标。

进一步对比分析表5-10和表5-11的内容，可以发现当环保政策的内容越详尽细化时，审计机关以此政策作为审计依据进行判断（审计标准），进而揭示的政策问题和内容就越多，且揭示的问题越具体。

第四节　环保政策审计的效用发挥

政策执行效果审计结果公告重点揭示审计中发现的问题，同时还对审计整改较好以及积极举措的典型事例进行了披露。审计整改是审计效用发挥的一种直接方式，能够更直观地反映审计所发挥的效用，而审计宣传积极举措可以作为审计效用发挥的间接方式。经过审计结

第五章 环保政策执行效果审计实践

果公告的披露，能够产生宣传和发挥带头引领的作用，为其他政策执行主体树立整改和效仿目标，产生溢出效用，同时对被宣传和表扬的地方起到激励效用。

本书收集整理了 28 份审计署审计结果公告中环保政策整改较好的案例共 30 个[①]，积极举措案例共 25 个，并梳理审计效用发挥的具体表现，整理结果见表 5-12。

表 5-12　　环保政策审计的整改（积极举措）案例及效用

效用发挥	审计效用	整改（个）	积极举措（个）	事项举例
事先预防	强化污染源头管控	3	4	加强饮水水源地保护工作
	推动防治防护工作	3	7	加快推进水资源污染防治
事中改善	推进相关环保项目	18	4	推进污水处理管网设施建设
	推进环保政策落实	4	5	淘汰黄标车政策落实
事后治理	拆除违规违建设施	2	0	拆除保护区非法养殖场
	进行专项问题整治	0	5	开展沿江非法码头专项整治
合计		30	25	

可以看出，环保政策审计通过揭示和纠偏发挥的效用主要归纳为三个方面：事先预防、事中改善和事后治理。事先预防主要指预防环境污染或事先做好环境防护工作，具体可以表现为：强化污染源头管控和推动防治防护工作；事中改善主要指积极改善和推进正在进行的环境保护工作，具体可以表现为：推进相关环保项目和推进环保政策落实；事后治理主要指针对已经发生的环境污染事项进行整治，具体可以表现为：拆除违规违建设施和进行专项问题整治。从表 5-12 可以看出，推进相关环保项目、推进环保政策落实（事中改善），推动防治防护工作（事先预防）和进行专项问题整治（事后治理）的效

[①] 本书比对审计整改与前期审计揭示的内容，未发现一一对应关系，而只是总括的审计整改情况。

用发挥更为显著。

另外，本书收集了各地方和部门针对环保政策执行效果审计的整改情况报告，如表5-13所示，针对环保政策执行效果审计所揭示出的问题，相关政府和部门均制定措施进行整改，从事中改善（推进污染治理工作、推进相关项目完善）、事先预防（强化污染源头管控）、事后治理（进行专项问题整治）等方面发挥效用。

表5-13　　　部分地方政府和部门环保政策审计的整改示例

省份/部门	审计效用	审计整改的措施与效用（示例）	审计整改报告
云南省蒙自市人民政府	事中改善（推进污染治理工作）	（1）针对杨柳河闸门口处堆放杂草、塑料袋、塑料瓶等河道垃圾。市水利局每天安排专人对闸口拦污栅进行巡查并清理垃圾，对清理出的垃圾定期安排车辆清运处理……	蒙自市人民政府关于蒙自市生态文明建设政策落实专项审计发现问题的整改情况报告
	事先预防（强化污染源头管控）	（2）针对杨柳河流入菲白水库隧洞口铁栅栏损坏，且垃圾沉积。市水利局将杨柳河流入菲白水库隧洞口铁栅栏进行更换，对沉积垃圾进行了清理……	
	事后治理（进行专项问题整治）	（3）针对农村水源地保护区杨柳河段居民住房未拆迁、取水处河水里乱扔垃圾，放养鸡、鹅、牛等。一是开展杨柳河河道"清四乱""清河行动"……二是强化宣传引导……切实履行好杨柳河环境保护治理的主体责任；三是对杨柳河村违法建设的羊圈进行整改销号……	
安徽省淮南市田家庵区	事中改善（推进相关项目完善）	（1）针对污水处理厂未能正常运行问题。对全镇污水处理厂进行安全使用排查，对损坏的抽水泵维修，恢复使用。建立完善地下水监测系统…… （2）针对水库水利建设力度不够问题。对滚庄水库集中清淤一次……	曹庵镇关于落实自然资源资产管理和生态环境保护责任情况的审计反馈意见整改情况报告

第六章

涉企审批政策执行效果审计实践

国务院于2000年开始推行行政审批制度的改革,于2013年正式提出"简政放权"概念,进一步扩大涉企审批改革范围。2015年,提出"放管服",强调简政放权、放管结合与优化服务协同推进,其中审批改革仍然是核心内容。但"放管服"政策在实践中存在大量政策落实不到位问题。具体来看,政策存在变换方式执行、行政审批明消暗不消、明放暗不放的情况,存在其他形式设置审批、违规收费等问题。[①] 从《重大政策措施落实跟踪审计结果公告》来看,揭示问题最多的是"放管服"政策,2018年约占所有政策问题的45%。

实践中,审计机关在推动简政放权政策落实方面发挥了重要作用,如2018年的审计署审计工作报告指出,全年推动取消、合并和下放行政审批等事项400多项,全年减少或清退违规收费等9亿元。[②]

为了使研究更具针对性,在充分考虑不同政策的特征基础上,本书聚焦简政放权、放管服政策中的涉企审批和减税降费两项核心政策。涉企审批政策着重关注审批流程的优化等问题,减税降费着重关注涉企税费政策的合规性、合理性等问题。因此,我们分别对涉企审批政策审计与减税降费政策审计进行实践分析,并在本章和第七章讨论。

---

① 《行政许可审批清理"换马甲":明放暗不放》,《经济参考报》2015年6月2日,http://www.xinhuanet.com/politics/2015-06/02/c_127866600.htm.

② 审计署:《2018年度中央预算执行和其他财政收支审计工作报告》,http://finance.people.com.cn/n1/2019/0626/c1004-31197136.html.

本章主要分析涉企审批政策审计的实践情况，包括涉企审批政策审计的审计对象、审计内容、审计评价、审计效用等核心要素。本章基于政策执行效果审计的理论研究，依托审计署发布的《国家重大政策措施落实情况跟踪审计结果公告》，收集整理审计结果公告中"简政放权"板块和"放管服"板块中关于"涉企审批"的审计内容，结合中央重大政策要求，对涉企审批政策审计的相关问题展开分析。

第一节　"放管服"政策审计的总体情况

我国经济正面临稳增长压力，急需激发市场主体活力，而政府审批管理方面的行政效率低下和收取税费繁多给市场主体带来高成本负担。因此，"放管服"等政策的出台是应对这些问题的重要举措。从审计的视角来看，"放管服"政策的重点包括哪些内容，在实践中哪些方面的问题应加强整改完善，值得我们关注。

"放管服"的内容包含了简政放权，因此本书将审计结果公告中涉及"简政放权"和"放管服"的政策审计内容都统一到"放管服"政策审计中。具体地，本书汇总2015—2020年政策执行效果审计结果公告中"放管服"政策审计内容，并剔除减税降费相关条文后[①]，整理分析"放管服"政策审计关注的具体事项。

在进行具体审计内容划分时，我们参考2021年3月31日召开的国务院常务会议提出的关于深化"放管服"改革工作的内容。会议指出深化"放管服"主要从就业环境、涉企审批、扩大内需、民生服务供给、公正监管五方面进行，并对各项"放管服"政策内容进行了清晰的解剖。实践中，审计结果公告列示的"放管服"政策问题均是针对具体细节问题的揭示，我们在划分审计内容时，进行了如下归类处理：

（1）将关于职业资格认定和学历资格认定的内容分类为就业

---

① 减税降费政策审计的内容在第七章专门分析。

环境。

（2）社保公积金等内容归类于民生服务供给，在该分类中还包括为民众提供便民服务的内容。

（3）收费事项虽不在前述五方面的分类中，但该部分关注的分别是保证金减免的资质许可事项（如2019年第四季度的审计结果公告中，山西省住房和城乡建设厅规定对山西省骨干建筑企业的建设工程施工投标保证金减半收取，而骨干企业的评选范围仅限于在山西省内注册并取得资质的企业），收费信息及项目未及时公示，以及行政审批过程中存在的违规收费等，因此单独将其分为一类。

（4）项目审批主要包括国家和地方的投资项目审批事项。

（5）政府采购主要包括政府主体（包括企事业单位及归属政府的协会、委员会等）主导的采购事项当中涉及投标公司资格认定的事项。

（6）行政审批则是指企业或个人办理行政审批相关事务的事项。

将审计结果公告中"放管服"政策执行效果审计的内容按照上述标准分类整理后，统计结果如表6-1所示。

表6-1　　　　"放管服"政策的审计内容分布　　　　单位：次、%

审计内容	数量	所占比例
行政审批	122	63.21
政府采购	41	21.24
项目审批	9	4.66
就业环境	8	4.15
收费事项	7	3.63
民生服务供给	6	3.11

从表6-1可以看出，占比最大的"放管服"政策审计内容为行政审批，所占比例达到了63.21%；其次是政府采购和项目审批，分别达到被揭示内容总数的21.24%和4.66%。而其他审计内容：就业环

境、收费事项、民生服务供给相对较少，合计占比约为10.89%。

从"放管服"政策执行效果审计的内容来看，审计机关关注的"放管服"政策范围较广，不仅包括涉企审批简化改革方面，还包括企业所需职业人员的资格认证、涉企审批的收费方面，以及与民生关联的事项方面，充分考虑了"放管服"政策中优化服务的理念。

为了使研究更具针对性，充分考察"放管服"政策审计激发企业主体活力的作用，本书重点分析涉企审批的内容。"放管服"政策中除"行政审批"外，"政府采购"和"项目审批"会直接影响企业经营，"就业环境"会间接影响企业经营，因此我们将这四项合并为"涉企审批"政策审计的研究范围。从表6-1来看，涉企审批政策审计内容在"放管服"政策审计中占比为93.26%。

第二节 涉企审批政策审计的审计对象

本书将涉企审批政策审计的对象从三个角度进行划分并分析其问题分布情况：①审计对象按政策执行主体机构划分，可分为政府部门、事业单位（企业）和协会（委员会）；②审计对象按政策涉及的行业进行划分；③审计对象按行政归属可以划分为31个省份、中央部门等。

一 审计对象按政策执行主体划分

我国的行政审批涉及的政府机构及部门众多。本书对涉企审批政策审计的对象按执行主体进行划分，并分析其分布情况，帮助了解目前审计机关主要关注了哪些政府机关、部门的涉企审批，以及哪些部门的涉企审批问题较多。本书首先将执行主体划分为政府部门、事业单位（企业）和协会（委员会），再进一步细化，同时还划分了政策执行主体的层级，分为国家级、省级、市级和区县级，结果如表6-2所示。

表 6-2　　涉企审批政策的审计对象按政策执行主体划分　　单位：次

审计对象	国家级	省/直辖市/自治区级	市级	县/区级	合计
（一）政府部门	23	92	39	10	164
城乡建设部门		20	10	2	32
市场监管部门	4	13	5		22
资源管理部门/环境保护部门	7	7	7		21
发展改革部门	2	8	2	3	15
人民政府		3	4	4	11
文化管理部门/新闻出版部门	1	9			10
公安部门/国家安全管理部门	1	4	2		7
交通运输管理部门	2	4	1		7
工信部	1	3	1		5
商务部门	1	3	1		5
农业/林业管理部门		2	2	1	5
民政部门	1	2	1		4
科学技术部门/知识产权部门		3			3
进出境监督管理部门	2	1			3
行政执法部门			3		3
税务部门		2			2
体育运动部门		2			2
卫生管理机构		2			2
财政部门		2			2
教育管理部门	1	1			2
人力资源部门		1			1
（二）事业单位/企业	4	18	7	2	31
资源管理系统/环境保护系统		4	1		5
交通运输管理系统	1	3	1		5
教育机构		3			3

续表

审计对象	国家级	省/直辖市/自治区级	市级	县/区级	合计
农业/林业管理系统		3		1	4
卫生管理系统		3	2		5
文化管理系统		1			1
资源或产权交易系统		1	1		2
财政系统	1		1		2
工业管理系统				1	1
人力资源系统	1				1
市场监管系统		1			1
进出境管理系统			1		1
（三）协会/委员会	2	1			3
农业管理		1			1
工业管理/市场监管	2				2
总计	29	111	46	12	198

注：此处与表6-1划分至涉企审批的审计结果公告总条数存在差异是由于部分审计结果公告会一次提及多个主体。

从表6-2的统计结果可以看出：

（1）涉企审批政策审计的对象中政府部门占比最多，2015—2020年共涉及164次，约占总体的82.83%；其次是企事业单位，共涉及31次，约占总体的15.66%；审计也关注到协会及委员会执行主体，但占比较少。

（2）在审计对象占比最多的政府部门中，被审计揭示达到10次以上的部门有：城乡建设部门、市场监管部门、发展改革部门、资源管理部门（环境保护部门）和人民政府。其中，审计发现的城乡建设部门的涉企审批问题主要集中在省级和市级，具体包括政府采购（11项）、行政审批（19项）、项目审批（1项）以及就业环境（1项），具体的审计内容示例如表6-3所示。

表 6-3　　　　城乡建设部门被审计揭示的问题示例

审计内容	揭示数量（次）	审计结果公告示例
行政审批	19	①某地将部分审批权限下放至区县行政主管部门，但相关部门并未落实； ②部分政府部门仍违规提供中介服务，或要求企业在行政审批前自费进行相关检测（本应由审批机关负责检测）； ③部分政府部门要求企业进行相关行政审批时提供已被取消的审批资料； ④行政审批相关流程及所需资料等相关信息未充分公开
政府采购	11	主要是各地城乡建设部门在进行建设工程招标时设置的具有差别待遇的投标条件，如违规要求政府采购选取的测绘单位应为在太原市注册的法人单位
项目审批	1	工程建设项目审批管理系统尚未按要求，实现与全国一体化在线政务服务平台的对接
就业环境	1	在国家职业目录之外，规定企业在进行行政审批时，相关职业人员需通过职业资格考试并取得相关证书

市场监管部门主要包括市场监管局、工商管理局、食品药品监督管理局、质量监督总局等相关部门。市场监管部门被审计揭示的问题主要有针对企业经营许可、产品生产许可、质量认证等方面的审批情况。在企业经营许可方面，主要是审批流程的改善政策没有落实到位（如部分地区"三证合一"政策和"证照分离"政策没有落实到位）及注册资本登记制度改革不到位。产品生产许可方面主要是针对食品或药品及其他特殊产品的生产许可的审批，包括减少审批资料的政策落实是否到位，压缩审批时间的政策是否落实到位。质检方面的审批工作主要是检疫工作改革，主要是质监局下属的检疫评审中心的体制改革。

发展改革部门被审计揭示的问题主要集中在项目审批和行政审批，具体示例如表 6-4 所示。

表 6-4　　　　发展改革部门被审计揭示的问题示例

审计内容	揭示数量（次）	审计结果公告示例
项目审批	8	部分地区的项目审批在线审批平台没有充分利用

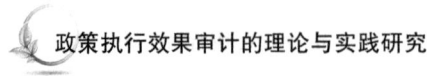

续表

审计内容	揭示数量（次）	审计结果公告示例
行政审批	7	①某地区工商登记事前审批事项改事后审批政策没有执行； ②创新平台认定事项没有按规定清理； ③企业投资项目的审批资料未清理，审批时限过长或面临限制性条件

资源管理部门（环境保护部门）主要负责建设用地项目预审、探矿权许可审批、核电站设计的验收审批、水利建设施工审批等。被审计揭示的问题主要包括审批前置条件取消政策未落实、审批办理时限未压缩以及审批方式未优化等方面。

人民政府被审计揭示的问题主要包括：审批权限下放（如国务院要求将国有资产监管机构行使的重大事项决策等出资人权利，授权国有资本投资公司行使）、事后监管①等。

（3）涉企审批政策审计的对象还包括部分事业单位。行政审批权力一般由行政机关行使，在部分领域可能由事业单位（企业）代为行使，如上海联合产权交易所对产权交易业务相应代理资格的审批，中国银行保险监督管理委员会的相关审批，以及药品审批中心对药品上市许可持有人申请的审批。进一步分析发现，企事业单位被审计揭示的问题主要集中在政府采购（25次）和行政审批（6次）。行政审批问题主要体现为行政审批效率不高、资格审批方面设置不平等条件、审批时限过长等。

二　审计对象按政策行业划分

我国的行政审批在社会经济的多个领域和多个方面得到广泛运用。有数据统计，我国的行政审批制度涉及50多个行业。②

本书将进一步按照政策涉及的行业对涉企审批政策的审计对象进行划分。我们根据2017年国民经济行业分类标准进行判断，具体将

---

① 如重庆市云阳县人民政府在2015年5月已知晓云阳县红旗水泥有限公司生产许可证早已到期、夜间偷开生产的情况下，未采取有效监管措施制止上述企业无证生产的行为。

② 《关于行政审批制度改革有关问题的解答》，胶州政务网，http://www.jiaozhou.gov.cn/n530/n1153/n1218/161004011150132665.html。

审计结果公告中涉企审批审计的内容按行业进行划分①,如表 6-5 所示。

表 6-5　　　　　审计对象按政策行业划分　　　　单位:次、%

行业分类	被审计揭示问题的数量	占比
建筑业	38	20.00
全行业	37	19.47
制造业	23	12.10
水利、环境和公共设施管理业	13	6.84
房地产业	12	6.32
交通运输、仓储和邮政业	11	5.79
文化、体育和娱乐业	9	4.74
电力、热力、燃气及水生产和供应业	8	4.21
农、林、牧、渔业	8	4.21
批发和零售业	6	3.16
租赁和商务服务业	6	3.16
科学研究和技术服务业	6	3.16
卫生和社会工作	6	3.16
公共管理、社会保障和社会组织	3	1.58
教育	2	1.05
金融业	1	0.53
信息传输、计算机服务和软件业	1	0.52
总计	190	100.00

注:此处总数与涉企审批总条数不一致的原因在于有 6 条审计结果公告同时涉及多个行业。如"截至 2015 年 7 月,广西仍有部分行政许可事项未与注册资本登记制度改革配套衔接。粮食收购资格认定中,仍要求企业注册资本 30 万元以上;对医疗机构执业许可,仍要求企业提交验资证明等"。

---

① 在具体分类时,我们对相近行业进行了合并。

从表6-5可以看出，我们对审计对象按政策行业划分后，可以分为17个相关行业，其中被审计揭示问题最多的前五位行业有：建筑业，制造业，水利、环境和公共设施管理业，房地产业及交通运输、仓储和邮政业。另外，我们把部分未提及具体行业，但可能涉及全部行业的内容归集到"全行业"。如大部分政府采购问题，审计揭示相关政府部门在采购公告中设置了投标公司的门槛（未具体说明采购行业或采购产品及用途），因此可能涉及全行业；如行政审批中审批流程的改革和项目审批中在线审批系统的改革，由于改革针对的受益群体可能涉及多个或全部行业，因此我们也将其归类为全行业。

建筑业被审计揭示的问题主要包括房屋建筑的审批，政府主导的社会基建项目的建设审批，对建筑业企业资质的申请或遗失补办审批，新建民用建筑建设防空地下室的审批，涉及文物保护、国家安全控制、轨道交通安全保护等区域的工程项目的"建设工程规划类许可证（建筑类）"的审批，防雷装置检测、铁路建设项目变更设计审批等。

制造业被审计揭示的问题主要包括危险化学品的生产许可审批、化妆品的生产许可审批、工业产品生产许可证审批以及医疗器械的生产许可审批；水利、环境和公共设施管理业被审计揭示的问题主要包括对水利工程建设的相关审批、探矿权许可中涉及环境以及投资项目与生态环境相关的审批；房地产业被审计揭示的问题主要包括房地产开发企业资质证书遗失补办、建设用地预审方面以及不动产转移登记的审批，以及政府采购中对物业公司的采购审批等；交通运输、仓储和邮政业被审计揭示的问题主要包括对道路交通起止站点审批事项、港口运输及相关仓储服务的审批以及航空运输的"境外飞行员执照确认"等的审批等。金融业及信息传输、计算机服务和软件业被审计揭示的问题最少，可能的原因是这两类行业的市场化程度较高，涉及的行政审批政策较少。

为更好理解不同行业的涉企审批问题，我们列示各行业被审计揭示的示例，如表6-6所示。

表 6-6　审计对象按行业分类的被审计揭示示例

行业分类	审计结果公告示例
全行业	部分地区针对不同等级的评估机构审批，有不同的注册资本要求
	4 个地方未实现平台互联互通和数据共享
	政府采购项目中，违规将……作为投标单位的资质要求
建筑业	在办理外省市建筑企业来京施工初次备案时，仍将……作为预审前置条件，并违规要求提供……资料
制造业	在办理气瓶、移动式压力容器充装单位许可事项时，仍违规要求申请人委托……中介机构检验
水利、环境和公共设施管理业	未按规定受理应由其审批的黄河兰州段湿地修复工程项目可行性研究报告和初步设计
房地产业	办理房地产开发企业……违规要求企业提供媒体发布的遗失声明
交通运输、仓储和邮政业	某道路运输管理局共违规开展已取消的审批事项 127 件
电力、热力、燃气及水生产和供应业	开展"海洋石油天然气……许可证的颁发和管理"行政审批事项时，违规要求申请人提供……检验报告或证书
农、林、牧、渔业	上海市将……部分权限下放至区县。但市绿化和市容管理局仍向……发放林木采伐许可证及临时占用林地许可
批发和零售业	上海市人力资源和社会保障局……职业资格鉴定未按规定取消
租赁和商务服务业	在办理会计师事务所及分支机构设立审批，仍要求申请人提交……资料，且要求线上、线下重复提交资料
科学研究和技术服务业	制定的《项目竣工验收联合测绘管理办法》，违规要求政府采购选取的测绘单位应为在太原市注册的法人单位
卫生和社会工作	2015 年 10 月，国务院发文取消……5 个统筹区，未按要求及时制定并公开地方医药机构协议管理办法
文化、体育和娱乐业	将中型基本建设项目纳入应统一组织考古调查、勘探的范围，超出现行文物保护法中规定的范围
公共管理、社会保障和社会组织	根据要求，在办理全国性社会团体注销登记……行政审批时不再要求申请人提供清算报告。在开展上述行政审批时，仍继续要求申请人提供清算报告
教育	在办理……时，仍要求提供国家规定已明确取消的资产审计报告
金融业	发布的《行政许可服务指南》，违反规定，仍保留已取消的行政审批中介服务事项，并违规要求申请人……
信息传输、计算机服务和软件业	2016 年组织开展"信息系统工程监理工程师"登记管理工作，至 2016 年 9 月，共向 2397 人颁发证书

三 审计对象按行政归属划分

本书汇总 2015—2020 年的政策执行效果审计结果公告，整理涉企审批政策审计的内容，将涉企审批审计的审计对象按照行政归属进行划分（包括 31 个省、直辖市、自治区以及中央各部委），同时还按照审计对象所属行政级别和年份进行分类，统计的情况见表 6-7 和表 6-8。表 6-7 列示了审计对象在省级的分布，表 6-8 列示了审计对象在市级与区县级的分布。同时列示了审计对象被审计揭示的次数。中央各部门在 2015—2020 年被审计揭示的次数分别为 5 次、8 次、6 次、4 次、3 次和 3 次，共 29 次。

表 6-7 审计对象对行政归属划分（省/直辖市/自治区级） 单位：次

省、直辖市、自治区	2015年	2016年	2017年	2018年	2019年	2020年	合计
上海市		2	4	1	4		11
黑龙江省		2	1	1	6		10
陕西省		1			5	3	9
天津市		2			7		9
广西壮族自治区	3	2		1	2		8
吉林省		2		1	2	3	8
重庆市		1		6	1		8
辽宁省		2		2	2	1	7
宁夏回族自治区		2		3	2		7
山西省		2	1	1	1	2	7
福建省		2	1		3		6
云南省	1	2	1		2		6
浙江省		2		2	1	1	6
河北省		2			1	2	5
河南省	2	3					5
湖南省		2			2	1	5
山东省	1	2		1			4
四川省				1	3		4
新疆维吾尔自治区		2			1	1	4

续表

省、直辖市、自治区	2015年	2016年	2017年	2018年	2019年	2020年	合计
北京市		2			1		3
甘肃省		1			2		3
广东省	1	1		1			3
湖北省		2			1		3
内蒙古自治区	1	2					3
贵州省		2					2
江苏省		2					2
江西省		2					2
海南省							0
总计	9	49	9	20	49	14	150

注：2016年的合计数显著大于其他年份的合计数，主要原因是2016年有两条审计结果公告提到的是"除四川、广东、海南等以外的省份"和"除陕西、甘肃、四川、重庆、广西、海南等6省份外"，因此，在此处统计时分别给其他省份统计数加1处理。

表6-8　　审计对象按行政归属划分（市级和区县级）　　单位：次

省、直辖市、自治区	市级 2016年	2017年	2018年	2019年	2020年	小计	县/区级 2016年	2018年	2019年	小计	汇总
辽宁省			1	4	6	11	1		1	2	13
吉林省			3		3	6					6
广东省	1		1	1	1	4					4
江西省		1	2			3	1			1	4
福建省			2	1		3					3
黑龙江省			2		1	3					3
湖南省			1			1	1	1		2	3
山西省				1	1	2			1	1	3
四川省			3			3					3
贵州省	2					2					2
湖北省			1			1	1		1	2	2
山东省			1			1	1		1	2	2
甘肃省			1			1					1
海南省	1					1					1

续表

省、直辖市、自治区	市级					小计	县/区级			小计	汇总
	2016年	2017年	2018年	2019年	2020年		2016年	2018年	2019年		
河北省	1					1					1
江苏省								1		1	1
重庆市							1			1	1
北京市											0
广西壮族自治区											0
河南省											0
内蒙古自治区											0
宁夏回族自治区											0
陕西省											0
上海市											0
天津市											0
新疆维吾尔自治区											0
云南省											0
浙江省											0
总计	5	2	17	7	12	43	3	5	2	10	53

从表6-7和表6-8的统计数据分析，可以看出涉企审批政策审计的审计对象按行政归属划分，具有以下特点：

（1）涉企审批政策审计在2015年仅关注了省级政府部门审计对象，没有下沉细化到市级和区县级，从2016年起才开始关注到市级和区县级的政府行政部门及相关单位。

（2）分别计算各年所有审计对象被审计揭示的次数（包含中央各部门、省级、市级和县区级），2015—2020年被审计揭示的次数分别是14次、65次、17次、46次、61次和29次，总体呈现增长的趋势。① 表明审计机关对涉企审批政策审计的重视程度逐渐增强。

---

① 其中2016年的次数显著更高是由于2条审计结果公告提及"除四川、广东、海南等以外的省份"和"除陕西、甘肃、四川、重庆、广西、海南6省份外"，在统计时分别给其他省份计数加1处理。2020年可能受到新冠疫情的影响，影响审计工作量。

(3) 从审计对象所属行政级别的层级来看，省级区域的问题分布数据明显高于其他层级的分布数据①，即涉企审批政策执行效果审计主要关注了省级的政策落实情况，或者说目前涉企审批的大量事项仍由省级相关部门执行。涉企审批的审计对象已涉及具体的市或区（县），但相对较少，可能的原因是市或区（县）的审批权限仍相对较少。

(4) 分别汇总各省份（包含省级、市级和县区级）被审计揭示的次数，被揭示最多的是辽宁省、吉林省和黑龙江省（次数分别为20次、14次和13次），被揭示最少的是北京市、内蒙古自治区、江苏省和海南省（次数分别为3次、3次、3次和1次）。总体来看，可能跟地方的市场化水平、营商环境等因素相关。

第三节 涉企审批政策审计的审计内容

对涉企审批政策审计的审计对象进行多角度分析，能够帮助我们认识涉企审批主要涉及的事项范围。进一步，我们有必要分析，这些审批事项在执行中出现了哪些性质的问题，如没按要求简化审批流程、没按要求下放审批权或者违规前置审批条件等，即对涉企审批政策审计的审计内容分析。

我们分别对"放服管"政策中的四项涉企审批政策（行政审批、政府采购、就业环境和项目审批）统计分析审计内容及分布。审计内容性质的整理归类，本书主要依据中央的政策条文来判断。如果没有针对性指出政策依据的则通过审计结果公告内容进行人工判断，如"2017—2018年底，吉林省吉林市卫生和计划生育委员会在办理医疗机构执业登记审批事项时，要求10家民营医院提供吉林市依据已失效文件确定的建筑物防火验收合格证明和环评合格报告等资料后，

---

① 针对两条审计公告提及"除四川、广东、海南等以外的省份"和"除陕西、甘肃、四川、重庆、广西、海南6省份外"，统计时除少量省份外，其他省份加1处理。除去这两条的影响后，省级的统计数据为103次，仍明显高于其他层级的统计数。

才予办理医疗机构执业登记审批",审计揭示的问题是"行政审批中不再需要的资料,地方行政机关仍要求提供",则我们将审计内容归纳为"减少审批资料"。我们按上述方法整理归类后的审计内容如表6-9所示。

表6-9　　　　涉企审批政策审计的审计内容分布　　　单位:次、%

审计内容	问题数量	占比
(一) 行政审批	126	68.48
重塑审批流程、改革中介服务、清除前置条件	73	39.67
减少审批资料	19	10.33
减少审批事项	10	5.43
审批权限下放	9	4.89
信息透明	9	4.89
转变审批模式	3	1.63
压缩审批时限	2	1.09
事后监管	1	0.54
(二) 政府采购	41	22.28
清除前置条件	38	20.65
改革中标规则	1	0.54
清除指定经营	1	0.54
信息透明	1	0.54
(三) 项目审批	9	4.89
项目在线审批系统互联互通	7	3.80
减少审批时间	1	0.54
审批权限下放	1	0.54
(四) 就业环境	8	4.35
减少资格认定	7	3.80
简化认证流程	1	0.54

续表

审计内容	问题数量	占比
总计	184	

注：①行政审批和政府采购中都涉及"清除前置条件"，但两者的具体含义不同。行政审批中的前置条件是指：获取某些资格证、许可证等审批之前应当满足的条件；而政府采购中的前置条件是指：对投标方设置注册地、注册资本等要求的限制条件。②问题数量的总计数不一致的原因在于有四条审计结果公告同时涉及两项分类内容。

表6-9涉企审批政策执行效果审计的内容及分布具有以下特征：

（1）审计内容中"行政审批"被揭示的问题最多，约为全部审计内容的68.48%。其次是"政府采购"，占比约22.28%；"项目审批和就业环境"合计占比约为9.24%。这与简政放权、"放管服"政策的核心深化行政审批制度改革相符，重点关注行政审批政策的落实。

（2）审计内容"行政审批"类别中，被揭示问题最多的是"重塑审批流程、改革中介服务、清除前置条件"，数量为73次，占比约39.67%；被揭示问题较多的是"减少审批资料"、"减少审批事项"和"审批权限下放"，揭示数量占比分别达到10.33%、5.43%和4.89%。可以看出，相比"放权"，涉企审批政策审计中与"简政"相关的具体审计内容更多，问题分布也更广。涉企审批政策的落实还需要继续优化流程、减少审批前的条件与资料要求等。

（3）审计内容"政府采购"类别中，被揭示问题最多的是清除前置条件，数量为38次，占比约20.65%；审计内容"项目审批"类别中，被揭示问题最多的是项目在线审批系统互联互通，数量为7次，占比约3.80%；审计内容"就业环境"类别中，被揭示问题最多的是清除前置条件，数量为7次，占比约3.80%。可以看出，公告中揭示的具体审计内容基本能够覆盖涉企审批政策的全过程。

总体来看，四类涉及涉企审批的政策审计，在审计内容上覆盖相对全面，审计揭示的问题也相对集中。当前的行政审批改革相对全面，但仍需要在全面改革的基础上进一步深化，同时需要加强审计监督，强化政策落实的效率与效果。

第四节 涉企审批政策审计的审计评价

本书第三章对理论上的政策评价路径、评价模式、评价标准和评价指标体系做了详细讨论，为了方便对应分析实践中的涉企审批政策审计评价，我们仍在此列示出理论上的政策执行效果审计评价指标体系，见表6-10（与表3-5一致）。

表6-10　　　　政策执行效果审计评价指标体系

目标层	准则层（一级指标）	方案层（二级指标）	审计评价标准
政策执行效果审计评价	政策执行过程	政策执行机制：反馈机制、保障机制、问责机制、纠偏机制以及监控机制等政策保障实施的机制	适当性
			可操作性
		政策制定与执行主体	执行力
		政策享用与惠及群体	政策回应度
		公共资源配置与资金管理	合法性、及时性、效果性
		政策性项目与资金管理	合法性、及时性、效果性
		政策落实过程管理	合法性、及时性、效果性
	政策实施结果	政策实施的结果	完成度、经济性、效率性、效果性
	政策措施本身	政策措施制定的反馈评估	充分性、公平性、适当性

理论上，与其他的政策审计相比，涉企审批在"政策性资金""公共资金"的使用方面涉及较少，审计对这方面的评价也会相应较少。

在依托审计结果公告内容，具体整理实践中审计机关的涉企审批政策审计评价时，除了与环保政策实践相同的处理外，本章补充处理：①审计结果公告中针对审批权限下放的评价，如应该下放的权力没有下放给对应部门的，归类为对政策执行主体的评价。②针对政策惠及对象不合理等问题的揭露，则分类为政策享用与惠及群体。

为了更好地理解实践中的涉企审批政策审计评价，本书针对评价体系列示了审计结果公告的示例，如表6-11所示。

表6-11　　　审计评价体系对应的审计结果公告示例

方案层（二级指标）	审计评价	审计结果公告示例
监控机制		文物局对其委托的第三方评估机构监督检查不到位。负责"全国重点文物保护单位安全防护工程设计方案"评审出具的评审意见书中，部分由于编制质量较差被退回
政策执行主体	既定标准	上海市将……行政审批事项中的部分权限下放至区县林业行政主管部门。但截至2017年5月底，市绿化和市容管理局仍在继续上述审批工作……
政策享用与惠及群体	完整性	将中型基本建设项目纳入应统一组织考古调查、勘探的范围，超出现行文物保护法中规定的范围
政策落实过程	合法合规性	……等105份施工监理、勘察设计招标公告中，违规要求投标企业提供已取消办理的入渝备案登记证并将其作为投标条件
	及时性	由于黑龙江省行政处罚权属地化执法改革工作尚未完成，未按国家要求时限公布其负责的处罚事项清单
		水利部有9项水土保持方案报告书审批未按规定在10个工作日内完成
政策执行结果	效果性	2014年，政策要求整合质检总局下属的31个评审中心，到2015年基本完成整体转企改制并入中国检验认证集团。截至2017年3月底，……31个评审中心未完成核销事业单位法人、资产划转等重要工作，转企改制未取得实质性进展

本书在理论分析政策执行效果审计评价体系的基础上，考察实践中的涉企审批政策审计评价。本书整理了所有政策执行效果审计结果公告中关于涉企审批政策执行及效果的问题揭示，仔细分析判断其审计评价，并归纳到涉企审批政策审计评价体系表（实践），如表6-12所示。

表 6-12　　涉企审批政策执行效果审计评价体系（实践）　　单位：次、%

准则层（一级指标）	方案层（二级指标）	审计评价标准	公告数量	占比
政策执行过程	执行机制	监控机制	2	1.11
	执行过程	政策执行主体 标准化	6	3.33
		政策享用与惠及群体 完整性	4	2.22
		政策落实过程管理 合法合规性	144	80.00
		及时性	19	10.56
小计			175	97.22
政策实施结果	政策实施的结果	效果性	5	2.78
小计			5	2.78
合计			180	100.00

从表 6-12 实践中的涉企审批审计评价体系表中，我们可以看出目前审计机关对涉企审批的审计评价具有以下特征：

（1）审计评价主要集中在政策执行过程，少数涉及实施结果，而基本没有关注政策制定。

其中针对政策执行过程的审计评价占比达到 97.22%，政策执行结果的审计评价仅 2.78%。可能的原因是，涉企审批政策的制定在中央政府层级已相对明晰，较少需要地方政府再进行细化，或再依据地方实际情况进行调整的情况。另外，涉企审批改革的政策在理论上具有较强的可操作性，政策从中央制定到地方执行时效性较强。换句话说，涉企审批政策的执行没有时间完成节点，发现的问题基本属于政策执行过程的评价。

（2）在针对政策执行过程的审计评价中，审计发现的政策落实过程中的合法合规性问题最多，占比达到 80.00%。可见，涉企审批政策合法合规地落实到位是目前的核心问题。

（3）在涉企审批政策审计评价中，审计机关较少关注政策执行的体制机制问题。涉企审批政策执行机制的审计评价包括传达与反馈机制、保障与监控机制评价。传达机制主要指涉企审批政策在下达时应对政策信息进行及时准确地传递，使受众清楚了解政策内容，促进政策有效落实；反馈机制主要指政策落实过程中出现的问题，应及时反

第六章　涉企审批政策执行效果审计实践

馈给上级或政策制定者，及时纠偏。保障和监控机制主要指通过及时全面的监控和保障措施，促进政策有效落实。从统计数据来看，涉企审批政策的审计评价仅涉及监控机制评价，如2016年第二季度的审计结果公告中提及"重复监管与事中、事后监管不到位"。即审计主要关注的是现有政策的落实情况，较少关注到保障政策落实的体制机制和制度问题。

（4）涉企审批政策审计评价中，只有少部分涉及政策执行主体、政策享用与惠及群体的评价。我们发现审计机关针对政策执行主体的审计评价较少（仅有5个审计结果公告涉及），未关注到实践中常见的多部门重复或交叉审批、审批主体不明晰等问题。另外，针对政策享用与惠及群体的审计评价较少，可能的原因是政策能够落实到明确的政策享用与惠及对象，也可能是审计机关从受益者角度的关注与评价存在不足。

（5）涉企审批政策审计评价中，只有少量政策执行结果的效果性问题评价。其中，有3个是事业单位改制，事业单位与下属协会脱钩的改革效果的审计结果，有2个是对行政审批系统整改的效果进行描述。

第五节　涉企审批政策审计的效用发挥

"放管服"背景下涉企审批政策审计是否达到审计目标，促进政策有效落实？具体在哪些方面发挥了效用，值得进一步分析研究。

审计作用的发挥，主要通过揭示纠偏的机制，具体表现为对审计过程中发现的问题进行揭示，进而要求被审计单位进行针对性整改。国务院要求针对政策执行效果审计中发现的问题建立整改台账逐一整改，实践中各级政府与部门对审计揭示的问题均高度重视，进行积极整改。政策落实跟踪审计结果公告在揭示问题的基础上，还披露了整改效果好的案例及其产生的效用。

本书收集了2015—2020年审计署发布的审计结果公告中披露的

整改效果较好的案例共41个，整理结果如表6-13所示。

表6-13　　　涉企审批政策审计的整改案例及效用　　　单位：个

审计效用		数量	审计结果公告示例
促进政策落实	简化行政审批流程，减轻企业负担	7	明确在……登记时不再要求申请企业提交产品检测报告，对期满后办理……不再要求提供以往已提供且未发生变更的材料
	促进取消、下放或整合行政审批事项	6	已在全省范围内取消……审批2项行政许可
	促进取消部分职业资格证书	6	海关总署及时清理自行设立的准入类职业资格
	规范招标和政府采购的条款	5	进一步规范工程建设项目招投标流程，取消了"在本市注册的法人单位"的限制性要求
	促进线上审批平台的建设	3	上海市投资项目在线审批平台已完成与经济信息、规划国土资源……审批数据对接
	促进规范中介服务改革	2	关于……违规要求申请人提供已取消或未纳入中介服务清单的资料问题。上述单位行政审批中已取消提供相关资料，并及时更新办事指南等公告资料
	规范项目审批流程和时限要求	2	国家能源局积极督促项目评审单位加快评估工作，至2019年7月有关事项均已办结
	促进审批按时限完成	1	关于……审批进展缓慢问题……保障审批任务按时限完成
完善政策制定		7	供销合作总社职业技能鉴定指导中心印发《关于规范供销合作社行业职业技能鉴定相关工作的通知》（供销职鉴字〔2018〕8号），要求上述85家鉴定机构不得开展相关职业技能鉴定活动和收取费用
加强事中事后监督		2	印发《质检总局关于深化检疫处理单位市场化改革加强事中事后监管的通知》（国质检通函〔2017〕247号），要求加强对社会检疫处理单位的培育

同时，审计机关在审计结果公告中还披露了各地方和部门落实涉企审批政策的积极举措（审计机关将其作为典型进行宣传表扬），即审计机关认为政策落实的过程和效果好，具有其他地方和部门可借鉴的价值。经过审计结果公告的披露，能够产生宣传和发挥带头引领的

第六章 涉企审批政策执行效果审计实践

作用，为其他政策执行主体树标杆立榜样，产生溢出效用，同时对被表扬地方也起到激励效用。本书整理2015—2020年的审计结果公告中的积极举措案例共42个，整理结果如表6-14所示。

表6-14　涉企审批政策审计的积极举措案例及效用　　　单位：个

审计效用	数量	审计结果公告示例
促进取消、下放或整合行政审批事项	13	将15项行政审批事项分类整合……6个审批包，实行同时受理、同时审核、同时勘验、同时审批
提供线上服务平台，优化服务	13	积极推行不动产登记网上全自助办理模式。群众通过登录……不动产登记综合服务平台或手机App自助办理申请、登簿、缴费等不动产登记业务
改变审批模式，减少审批时间	6	对省级备案类企业投资项目试行承诺制管理模式，改为企业承诺事项，改先批后建为先建后验，压缩项目审批时间
简化行政审批流程，减轻企业负担	5	工业和信息化部优化增值电信业务经营许可行政审批流程……
取消准入限制	1	取消了该文件对检测机构和检测人员的准入限制
商务综合行政执法体制改革	1	商务部牵头组织……逐步建立规范的商务综合行政执法体制
以评促改，推动加大改革力度	1	以……等量化指标为重点，通过评价形成17个行政审批最优范例，在全省范围内进行推广，树立典型，以评促改，推动加大改革力度，激发市场活力
优化行政审批质量，压缩审批时间	1	长春市采取发布工商登记58项易错事项清单减少登记错误率，推出移动办照服务车开展上门办照等措施，大幅压缩企业开办时间
中介服务改革	1	……使企业足不出户即可享受产品质量检验服务并取得检测报告，为企业简化了中间服务环节，节约了检测成本

另外，每年审计署受托作《中央预算执行和其他财政收支的审计工作报告》，会对当年开展的"重大政策落实跟踪审计情况"进行总结汇报。同时，每年国务院发布的《中央预算执行和其他财政收支审计查出问题整改情况的报告》（以下简称《整改报告》）会对"重大

政策落实跟踪审计"发现问题的整改情况进行披露。本书整理《整改报告》中关于涉企审批政策审计整改的内容，分析涉企审批政策审计的效用发挥，整理结果如表6-15所示。

表6-15　涉企审批政策审计的效用发挥（整改报告）

审计效用		审计整改的典型示例
促进政策落实	促进取消或下放行政审批事项	已停止1项审批事项，取消8项前置审批条件，下放1项审批权限
	强化对下放行政审批事项的承接能力	国家发展改革委等5部门通过……强化11项行政审批事项承接能力
	规范招标和政府采购的条款	修订或废止招投标规定、取消不合理限制性条款等
	促进规范中介服务改革	清理规范中介服务81项，对确有必要保留的实行清单管理
	促进线上审批平台的建设	建设在线审批平台，加快纵向贯通，推行网上并联审批
	促进网上政务服务平台的建设	能源局完善在线审批平台，编制服务指南，已实现……"一个窗口"受理和网上办理
完善政策制定	出台和完善相关规章制度	出台和完善相关规章制度7项
	发布指导性文件	国家发展改革委等5部门通过……制定指导性文件等，强化11项行政审批事项承接能力
加强事后监督	加强对下放行政审批事项的监督	国家发展改革委等5部门……强化11项行政审批事项承接能力和监督
	促进对药品和医疗器械生产经营企业的联合监管	海南省食品药品监管和工商部门……对药品和医疗器械生产经营企业形成联合监管

可以发现，涉企审批政策落实跟踪审计的效用主要集中于促进政策落实方面，这也符合即查即改的特点。同时，涉企审批政策落实跟踪审计也在完善政策制定与加强事后监督这些方面发挥了作用，从体制机制和制度上保障政策有效落实。

本书还整理了地方政府及相关部门关于涉企审批政策落实审计的整改情况，如表6-16所示。

表 6-16　部分地方和部门涉企审批政策审计的效用

省份/部门	审计效用	审计整改的措施与效用（示例）	审计整改报告
吉林省长春市发改委	完善政策落实制度	长春市发改委加强行政审批管理，严格行政审批时限，制定和完善了《长春市发改委行政审批办公室承诺件办理制度》。对确需补充要件的，在"一门式、一张网"走特别程序（挂起）说明理由。更好地为企业提供便利，提高办结效率	《吉林省审计厅2017年第三季度"放管服"改革政策措施落实跟踪审计结果公告》（2017年第3号公告）
山东省济南市历下区、青岛市崂山区、滨州市滨城区、菏泽市牡丹区人民政府	促进政务服务优化	济南市历下区、青岛市崂山区、滨州市滨城区、菏泽市牡丹区未在规定时间内印发"一次办好"改革方案、未有效落实"一窗受理·一次办好"等改革事项。针对上述问题，4个区已印发"一次办好"改革方案，细化了改革事项完成时限，明确了"一次办好"改革部署要求	《山东省审计厅关于推进"一次办好"改革和减税降费政策措施落实情况跟踪审计调查发现的主要问题及整改情况公告》
云南省	促进取消或下放行政审批事项	针对"放管服"改革审计发现的问题，7个州（市）、6个县（市、区）已全面梳理行政职权事项1180项，并按规定对相关行政职权事项进行承接、下放或调整。3个州（市）的相关部门已按规定将投资审批事项纳入中介超市购买服务	《关于云南省2019年度省级预算执行和其他财政收支审计查出问题整改情况的报告》

第七章

减税降费政策执行效果审计实践

我国经济增长速度放缓，经济发展进入新常态，需要通过激发实体经济活力来保障经济稳步增长，而减税降费是降低企业负担、促进企业增加投资和增加消费的主要举措。

我国于2008年提出"实行结构性减税"，2015年政府工作会议中提出"减税降费"，全面进入减税降费阶段。2016年指出"在减税降费降成本上加大工作力度"，"减税降费"成为政府工作报告中的重点内容。2019年中央提出"实施更大规模减税降费"，2020年李克强总理在第十三届全国人民代表大会第三次会议上再次提出加大减税降费政策力度。

国家实施"简政放权"等政策是降低企业制度性交易成本的重要举措，但实践中存在很大的政策落实不到位问题。政策执行存在大量变换方式收费、行政审批明消暗不消、明放暗不放的情况，存在其他形式设置审批、违规变相收费等问题。[①] 从《重大政策措施落实跟踪审计结果公告》来看，揭示问题最多的是"简政放权"政策，2018年约占所有政策问题的45%；2018年，市场监管部门开展全国涉企收费检查，查处违规收费金额6.2亿元。[②]

因此，随着"减税降费"政策的不断落实推进，对于落实减税降

---

① 《行政许可审批清理"换马甲"：明放暗不放》，《经济参考报》2015年6月2日，http：//www.xinhuanet.com/politics/2015-06/02/c_127866600.htm.

② 《以公开透明方式规范涉企收费》，《经济日报》2019年8月8日，http：//www.xinhuanet.com/comments/2019-08/08/c_1124850343.htm.

费政策的审计监督也在不断增强。2014年10月《国务院关于加强审计工作的意见》提出针对国家重大政策措施的落实情况进行跟踪审计，并要求审计机关审计各部门和地方减轻企业负担的政策措施落实情况。① 审计署自2015年5月公开发布第一份《重大政策措施落实跟踪审计结果公告》，并于2018年第四季度将"减税降费"政策审计的结果在公告中单独列示在"降费减负"板块中，足以看出对"减税降费"政策审计的重视。实践中，审计机关在推动简政放权政策落实方面发挥了重要作用，如2018年的审计署审计工作报告指出，全年减少或清退收费等9亿元。②

本章主要对减税降费政策审计进行实践分析，包括减税降费政策审计的审计对象、审计内容、审计评价、审计效果等核心审计要素。具体而言，在政策执行效果审计的理论指导下，依托审计署发布的审计结果公告，结合中央重大政策要求，对减税降费政策审计的相关问题展开分析。

第一节 减税降费政策审计的审计对象

本书将减税降费政策执行效果审计的对象从两个角度进行划分并分析其问题分布情况：①审计对象按政策执行主体机构划分，可分为政府部门、事业单位、企业和协会（联合会）。②审计对象按行政归属可以划分为31个省份、国家级协会（联合会）、中央部门以及国家级系统。

一 审计对象按政策执行主体划分

将减税降费政策审计的对象按照政策执行主体进行划分的结果如表7-1所示，同时可以看出不同审计对象被审计揭示的情况。

---

① 中国政府网：《国务院办公厅关于印发稳增长促改革调结构惠民生政策措施落实情况跟踪审计工作方案的通知》，http://www.gov.cn/zhengce/content/2014-06/07/content_8868.htm。

② 审计署：《2018年度中央预算执行和其他财政收支审计工作报告》，http://finance.people.com.cn/n1/2019/0626/c1004-31197136.html。

表 7-1　　　　　　审计对象按政策执行主体划分　　　单位：次、%

审计对象	具体部门	数量	比例
政府部门	人力资源和社会保障厅、国家改革委、住房和城乡建设部、水利厅、人民政府办公室、国土资源局、交通运输厅、规划局、财政厅、农业农村厅、教育局、林业局、公安厅、生态环境厅、工业和信息化部、质检总局、海关总署、科学技术厅、文化和旅游厅、卫生计生委、税务局、商务局、国资委、城市管理局、黄河工程管理局、工商管理局、管理委员会（约27类）	180	38.79
事业单位	地震局、研究院、测绘院、规划院、高速公路路政管理支队、资源交易中心、检测中心、疾病预防控制中心、考试培训中心、国家投资项目评审中心、建筑职业资格注册管理中心、安标国家矿用产品安全标志中心、社会保险事业管理局、医疗设备服务中心、城建档案馆、海关下属企事业单位、河道管理处、统一征地事务办公室、质检总局信息中心控股企业、城建档案馆、全国中小企业股份转让系统、环境监测中心、物业管理中心、住房和城乡建设厅干部学校、煤炭生产安全管理局、建筑执业资格注册管理中心、地方金融机构、农业科学院农产品质量安全与标准研究所、省职业病防治院、省医院（约30类）	154	33.19
企业	电网公司、交通投资公司、高速公路建设开发公司、水电投资经营集团有限公司、轨道交通发展有限公司、铁路有限责任公司、出租车管理处辐射技术服务中心有限公司、海关总署数据中心参股企业及个别关联民营企业、数字证书认证管理中心有限公司、东方电子支付有限公司、城市建设投资开发有限公司、国网物资有限公司、机动车检验检测有限公司、英杰缔华科技发展有限公司、桃仙国际机场股份有限公司、铁路客运专线有限责任公司（约16类）	60	12.93

续表

审计对象	具体部门	数量	比例
协会（联合会）	安全防范报警协会、保险行业协会、报废车回收拆解行业协会、北京市建筑业联合会、出版社经营管理协会、地质灾害防治协会、工程建设协会、工程建设质量管理协会、工程咨询协会、公证协会、国家工业信息安全发展研究中心、中国社区卫生协会、合格评定管理协会和机动车安全技术检验行业协会、环保产业协会、建筑业协会、司法鉴定协会、建筑业协会工程建设质量分会、煤炭工业行业协会、民办教育协会、企业联合会、辽宁省企业家协会、人防工程监理协会、市政行业协会、建设安全协会、物业管理协会、特种设备检验研究院、特种设备协会、小水电协会、信息通信行业协会、园林绿化行业协会、质量管理协会、质量协会、中国测绘学会、中国电力企业联合会、中国电子工业标准化技术协会、中国农业生产资料流通协会、中华爱子影视教育促进会、中国电视剧制作产业协会、中国健康促进与教育协会、中国汽车维修行业协会、中国对外经济贸易统计学会、中国对外经济贸易会计学会、中国金融思想政治工作研究会、中国建筑业协会、中国海洋工程咨询协会、中国珠宝玉石首饰行业协会、中国饭店协会、中国汽车流通协会、中国广告协会、中国互联网协会、中国机械工业联合会、中国特种设备安全与节能促进会、中国物资再生协会、中国珠宝玉石首饰行业协会、铸造协会、装饰行业协会（约59类）	61	13.15
不明确		9	1.94

注：①政府部门判定标准依据国务院组织机构设置（http://www.gov.cn/guowuyuan/zuzhi.htm）。②事业单位判定标准来源于百度百科及企查查平台验证。③"不明确"是指公告原文仅仅提及地区，未说明是该地区的具体部门或单位。

从表7-1可以看出，减税降费政策的审计对象涉及面广，被审计揭示问题的政府部门具体对象约27类，事业单位具体对象约30类，企业具体对象约16类，协会（联合会）具体对象约59类。其中，政府部门和事业单位审计对象被审计揭示的问题占比最多，分别达到38.79%和33.19%。

减税降费政策审计的审计对象如政府部门、事业单位、企业和协会（联合会）都分别包含了较多的具体对象，这些具体对象被审计揭示问题的情况怎样？减税降费问题是聚集在某类或某些类别的审计对象中，还是相对均衡地分布在各类具体对象中？因此，我们将四大类审计对象包含的具体对象进行同类归集。同时为了表达简洁，我们将相似类别的部门进行合并，如农业和林业管理部门、文化管理和教育管理部门、资源能源和水利部门等；我们还将问题数量少的部门进行合并。归集后的审计对象问题分布如表7-2所示，同时我们将审计对象按行政层级进行划分，如表7-3所示。

表7-2　　　　审计对象按政策执行主体所属系统划分　　　　单位：次

执行主体	政府部门	事业单位	企业	协会	不明确	合计
资源管理/能源管理/水利	40	46	14	7		107
城乡建设	34	33	5	19		91
交通运输管理/进出境监督管理	14	8	23	1		46
市场监督管理	7	15	2	13		37
环境保护/环境管理	7	10	2	4		23
农业管理/林业管理	7	13	1			21
应急管理/公安	9	7	1	2		19
文化管理/教育管理	9	6	1	2		18
工业和信息化	2	3	4	7		16
国家发展改革部门	11	2				13
多部门	12					12
税务管理/司法管理/证券监督管理委员会/国有资产监督管理委员会	5	2		4		11
卫生健康管理	3	6	1			10
不明确					9	9
政府办公	8					8
财政	6	1				7

续表

执行主体	政府部门	事业单位	企业	协会	不明确	合计
科学技术	4	2				6
国防/商务/新闻出版/气象	2	2		1		5
银保监			5			5

注：不明确是指在审计结果公告中无法直接判断其责任主体。如：9个省份的133个地区和24家单位在上报的清欠台账中少报拖欠账款26.32亿元。

表7-3　　　　审计对象按政策执行主体的层级划分　　　　单位：次

执行主体	国家级	省/直辖市/自治区级	市级	县/区级	总计
资源管理/能源管理/水利	5	60	32	10	107
城乡建设	4	42	37	8	91
交通运输管理/进出境监督管理	5	28	10	3	46
市场监督管理	7	25	3	2	37
农业管理/林业管理	1	17	2	1	21
应急管理/公安		15	4		19
环境保护/环境管理	1	14	7	1	23
文化管理/教育管理	4	11	2	1	18
多部门		10		2	12
国家发展改革部门		10	1	2	13
不明确		9			9
工业和信息化	9	7			16
卫生健康管理	1	7	1	1	10
科学技术		6			6
税务管理/司法管理/证券监督管理委员会/国有资产监督管理委员会	2	6	2	1	11
财政		5	1	1	7
国防/商务/新闻出版/气象		3	2		5
政府办公		1	3	4	8
银保监			5		5

注：不明确是指在审计结果公告中无法直接判断其责任主体。如：9个省份的133个地区和24家单位在上报的清欠台账中少报拖欠账款26.32亿元。

对具体审计对象进行归类后，从表7-2中我们可以看出，在政府部门、事业单位、企业或协会（联合会）大类中，资源管理（能源管理、水利）、城乡建设部门、交通运输管理（进出境监督管理）、农业管理（林业管理）、环境保护（环境管理）、市场监督管理等部门或单位，被审计揭示的问题占比最多。可能的原因是这些部门主要涉及了自然经济资源、建设项目、交通运输、市场监督等经济运行的主要环节，涉及较多行政审批或行政管制，涉及较多税费等制度性成本问题。同时，从表7-3可以看出，审计对象按政策执行主体的层级划分后，主要分布在省级和市级，表明这两个层级是主要的减税降费政策执行主体。

二 审计对象按行政归属划分

审计署组织开展的政策执行效果审计是组织审计署内设机构、派出审计局及18个地方特派办统一开展的。从审计结果公告来看，减税降费政策审计的对象可以按照地域划分，包括中央部门和地方，统计结果如表7-4所示。

表7-4　　　　　减税降费政策审计按行政归属划分　　　　单位：次

省份	2015年	2016年	2017年	2018年	2019年	2020年	总计
辽宁省		4	2	7	9	12	34
黑龙江省		5	1	14	10	1	31
陕西省			1	12	14	4	31
湖南省		2	8	14	5		29
吉林省		2	4	12	9	2	29
江西省		6	2	18	3		29
四川省	1	2	4	11	7		25
湖北省	2		7	9	3	3	24
浙江省	1		4	12	6	1	24
山东省	4		6	5	5	2	22
广西壮族自治区	1		2	11	5	2	21
河南省	3	2		10	4	2	21
上海省	2	1	2	8	5	3	21

续表

省份	2015年	2016年	2017年	2018年	2019年	2020年	总计
云南省			2	11	6	1	20
重庆市			7	8	5		20
北京市		1	3	8	6		19
江苏省	5		3	2	7	1	18
福建省			6	4	6	1	17
河北省		1	3	7	4	2	17
甘肃省			2	6	8		16
贵州省			4	3	7	2	16
广东省	3	1	3	2	6		15
新疆维吾尔自治区				6	5	4	15
天津市			2	4	6	1	13
宁夏回族自治区				4	7		11
山西省			2		6	3	11
安徽省	2	2	1	2	3		10
内蒙古自治区			1		4	3	8
青海省		2	1	1	4		8
西藏自治区				1		2	3
海南省					2		2
不明确		2		1	3	8	14
国家级协会/联合会			9	5		7	21
中央部门及系统	4	3	5	5	1	1	19

注：该分布表数据为除港澳台外的省级行政区数据。由于同一条公告中可能涉及不同地区，故合计数更多。其中：不明确是指审计揭示的内容没有明确指出对象，无法判断归属的地区。中央部门及系统包括：海关总署、质检总局、工业和信息化部、安全监管总局等。

从表7-4的统计结果来看，自2017年起，审计机关对减税降费政策执行情况的揭示力度显著增强。可能的观点是由2017年起各地方减税降费的问题更多导致。但我们认为在中央不断加强推进减税降费政策的大背景下，各地方和部门进一步"顶风作案"或"变本加厅"的可能性较小。因此，表现出来审计揭示问题的增多，应当更多的是反映审计力度的加强。

减税降费政策被审计揭示次数高于20次的省份有：湖南、黑龙江、江西、吉林、陕西、四川、浙江、辽宁、湖北、广西、河南、上海、云南、重庆和山东。总体分析来看，可能跟地方的经济发达程度及市场化程度相关，在经济较发达但市场化发达程度还不足的地方，容易产生减税降费政策执行不到位问题。经济发达可能给地方政府或相关部门系统提供收费基础，而市场化监督可能影响其违规可能性。如经济发达且市场化程度高的地方，如北京、广东、江苏等地方的总体情况相对良好。

减税降费政策审计的对象按地区划分，除31个省份外，还包括海关总署、质检总局、工业和信息化部、安全监管总局。这与中央重大政策中涉及减税降费内容及执行机构的配置相关。

第二节 减税降费政策审计的审计内容

政策执行效果审计的审计内容就应当包括承载受托政策制定和执行的经济责任的行为活动及全部内容。具体来看，减税降费政策审计的内容应当包括三个方面：一是减税降费政策实施的结果和效果；二是减税降费政策实施的机制与过程；三是减税降费政策制定的反馈评估，即在对政策实施过程和结果审计的基础上，审计评估政策的制定情况。实践中，我们通过审计结果公告分析审计关注到的减税降费政策主要内容，一方面了解审计的重心；另一方面了解减税降费政策的问题分布。

一 审计内容按行为类别划分

减税降费政策是供给侧改革——降低企业成本系列政策中的核心内容，其核心目的是降低企业的税费负担，增强企业和市场活动，促进社会经济的稳定可持续增长。减税降费政策的实施，从执行主体的角度可能表现为两个方面：一是是否收取了不应当收的税费；二是是

第七章 减税降费政策执行效果审计实践

否没有减降（退还）应减降（退还）的税费（保证金）。两类行为在动机及情节严重程度上存在差异，前者是人为主动发起的违规收费行为，后者主要是由于不作为而导致的未主动减降税费的行为（也可能人为有意），总体而言，前者的行为更为恶劣。因此，本书在分析减税降费政策审计的内容时，首先划分为违规收费和减降税费两大类。然后按照违规收费、减降税费的性质和方式不同，对减税降费政策审计的内容进行细分。划分的结果如表 7-5 所示。

表 7-5　　　　　　　　审计内容按行为类别划分

类型	行为类别细分	具体审计内容
违规收费	依托权力违规收费	利用政府平台资源违规收费； 依托行政权力或履职便利开展业务取得收入； 违规收取预留或超额收取政府采购履约保证金； 利用履职便利开展行政审批相关中介服务取得收入； 通过借助行政权力垄断经营、摊派、评比达标等方式违规收费
	开展业务违规收费	开展垄断性中介服务等方式收费； 违规向建设单位收取城建档案保管费； 运用政务平台系统数据，经营与海关履职相关业务向企业收费； 未严格实行考培分离，强制培训与考试挂钩，收取培训费用
	代行职能违规收费	依托部门资源或经营与部门履职相关业务收取服务费； 代行行政职能开展技术合同登记认定工作收取服务费
	私立名义违规收费	商业银行收取顾问费； 自行设立收取物业服务、物业维修保证金； 违规征收已停征的行政事业性收费
减降税费	未及时清退保证金/应退税款/企业费用/应减免未减免企业费用	国家税务局应退未退税； 未及时清退保证金； 国有企业未对 40 家转租使用权房的小微企业和个体工商户予以免租，未按规定减免租金 96.34 万元； 人力资源和社会保障厅对企业多缴纳的社保费用未及时采取退费措施
	转嫁费用	违规将应由财政资金承担的评估评审、检测费用转嫁给企业承担
	未按规定制定拖欠账款清偿计划/未落实还款资金来源	9 个省份的 133 个地区和 24 家单位在上报的清欠台账中少报拖欠账款 26.32 亿元
	强制购买认证服务	强制要求购买第三方电子认证服务增加费用负担

在具体类别细化以及审计内容提炼时，本书优先依据审计结果公告中提及的项目名称来判断，再遵从公告原文的表述来提炼，最后依据原文进行人工推理归纳。

从表7-5可以看出，违规收费包含的项目和名目繁多[①]。本书依据违规收费的性质和方式不同，划分为依托权力违规收费、开展业务违规收费、代行职能违规收费和私立名义违规收费。其中依托权力和私立名义违规收费属于显性违规，即收费行为完全与政策要求不符，且属于主动有意违规类型，针对这部分违规行为，审计机关依据相关政策比较容易发现。而代行职能和开展业务违规收费行为，具有一定的隐蔽性，需要审计机关对相关单位和部门的职责权限做较深入了解后进行审计判断。

减降税费可以进一步划分为未及时清退保证金（企业费用、应退税款）、应减免未减免企业费用、转嫁费用、未按规定制定拖欠账款清偿计划（未落实还款资金来源）、强制购买认证服务，这些行为的特点是政策执行主体没有额外收费，但其行为却导致企业承受更高的税费，如占用保证金、承担更多其他费用。

二 审计内容被揭示问题的分布情况

本书在减税降费政策审计的内容划分基础上，进一步统计分析不同审计内容被审计揭示的情况，各项内容的问题分布如表7-6所示。

表7-6   减税降费审计内容的问题分布   单位：次、%

审计内容类别	类别细分	问题数量	占比
违规收费	依托权力违规收费	155	33.41
	私立名义违规收费	58	12.50
	开展业务违规收费	44	9.48
	代行职能违规收费	41	8.84
	违规收费小计	298	64.23

---

① 为了直观反映和清晰表达，本书已经按照核心关键词进行归纳整理后分类，即实际的明细内容更多。

续表

审计内容类别	类别细分	问题数量	占比
减降税费	未及时清退保证金/应退税款/企业费用/应减免未减免企业费用	89	19.18
	转嫁费用	66	14.22
	未按规定制订拖欠账款清偿计划/未落实还款资金来源	7	1.51
	强制购买认证服务	4	0.86
减降税费小计		166	35.77

从减税降费政策审计内容的问题分布情况来看，主要有以下特点：

（1）减税降费政策审计的内容中揭示涉企税收的问题较少，而更多是涉企费用的内容。[①] 可能的原因是关于涉企税收的审计有专门的税收征管审计，而政策执行效果审计关注相对较少，或者税收政策执行情况总体较好，被审计发现的问题相对较少。但从实践政策受益群体的反馈来看，减税政策的实施仍然存在较多不足，受益群体的"获得感"与政策目标仍存在差距[②]。审计机关仍应当加强对税务机关是否有效落实税收优惠等政策的关注。

（2）减税降费政策审计的内容中违规收费被揭示的问题占比大，尤其是依托权力和私立名义的违规收费问题。审计揭示的违规收费问题占比高达64.23%，其中依托权力和私立名义违规收费分别占33.41%和12.50%。这两项违规收费属于直接主动的违规行为，比开展业务、代行职能的违规收费更为显性，性质也更为恶劣。该统计结果表明，我国目前依托权力主动违规收费的行为还很严重，后期应加强整改，真正做到"将权力关进制度的笼子里"。同时，此结果也可能表明，审计机关目前更多关注到了显性主动的违规收费行为，而隐

[①] 涉企税收问题主要涉及国家税收优惠政策执行不到位、未退还应退税款。
[②] 《减税降费：让企业更有"获得感"》，http://www.gov.cn/xinwen/2017-05/23/content_5195964.htm。

性违规收费行为的关注度和揭示度还存在不足，后期应加强对这些类型违规收费行为的关注。

（3）减降税费细分类别中的未及时清退保证金（应退税款/企业费用）、应减免未减免企业费用和转嫁费用被审计揭示的问题占比较大，分别达到19.18%和14.22%。这两类审计内容间接地增加了企业负担。审计机关在对政策执行主体的财务收支进行审计时，较容易发现未及时清退保证金（应退税款/企业费用）、应减免未减免企业费用的行为，但是否存在转嫁费用行为，则需要对相关政策了解熟悉[①]，以及充分利用大数据信息帮助审计判断。

（4）审计内容中极少涉及政策制定完善、政策体制机制等问题。理论上减税降费政策审计的主要内容应当包括及时反馈政策制定本身存在的问题。减税降费政策在其政策条文中明确应关注相关的体制、机制与制度问题，相关的工作方案制订与政策完善等问题，如表7-7所示。但通过整理公告内容发现极少涉及政策本身的评价。政策执行的体制机制问题是保障政策有效实施的基础，审计应当关注这些深层次问题，提出针对性改善建议，才能更好地发挥作用，真正促进政策的全面有效落实。

表7-7 审计应关注的内容与政策要求的内容

审计应关注的内容	政策要求的内容
完善体制、机制与制度方面	部门是否建立企业负担调查信息平台，完善举报反馈机制； 是否建立完善公示制度； 对于违规收费行为是否按照相关规定进行严肃处理； 交通运输部、国家发展改革委、省人民政府是否科学合理确定车辆通行收费水平

---

① 如：《财政部 国家改革委关于清理规范一批行政事业性收费有关政策的通知》（财税〔2017〕20号）规定，"取消、停征或减免上述行政事业性收费后，有关部门和单位依法履行管理职能所需相关经费，由同级财政预算予以保障。取消或停征的行政事业性收费项目包括……"

续表

审计应关注的内容	政策要求的内容
制订工作方案、完善政策方面	中介服务机构是否建立相关制度； 是否制定完善中介服务的规范和标准； 是否及时制订执行降低实体经济成本的工作方案； 财政部、税务总局是否完善相关税收政策

第三节 减税降费政策审计的审计评价

一 政策执行效果审计评价体系的实践运用

本书第三章对理论上的政策评价路径、评价模式、评价标准和评价指标体系做了详细讨论，为了方便对应分析实践中的减税降费政策审计评价，我们仍在此列示出理论上的政策执行效果审计评价指标体系，如表7-8所示（与表3-5一致）。

表7-8   政策执行效果审计评价指标体系

目标层	准则层 （一级指标）	方案层 （二级指标）	审计评价标准
政策执行效果审计评价	政策执行过程	政策执行机制： 反馈机制、保障机制、问责机制、纠偏机制以及监控机制等政策保障实施的机制	适当性
			可操作性
		政策制定与执行主体	执行力
		政策享用与惠及群体	政策回应度
		公共资源配置与资金管理	合法性、及时性、效果性
		政策性项目与资金管理	合法性、及时性、效果性
		政策落实过程管理	合法性、及时性、效果性
	政策实施结果	政策实施的结果	完成度、经济性、效率性、效果性
	政策措施本身	政策措施制定的反馈评估	充分性、公平性、适当性

本书在理论分析政策执行效果审计评价体系的基础上，考察实践中的减税降费政策审计评价。整理所有政策执行效果审计结果公告中关于减税降费政策执行及效果的问题揭示，仔细分析判断其审计评价，并归纳到减税降费政策审计评价体系表（实践）中，见表7-9。

表7-9　　减税降费政策执行效果审计评价体系（实践）　　单位：次

准则层（一级指标）	方案层（二级指标）	审计评价标准	公告数量	合计
政策执行过程	执行机制	保障和监控机制	2	364
	执行过程	及时性	44	
		合法合规性	318	
政策实施结果	政策实施的结果	完成度	100	100
总计		464		

注：减税降费政策中一般没有明确要求政策完成的截止时间，较难判断审计揭示的问题属于政策执行过程中还是政策实施结果。我们在判断时将公告中提及"未按规定……""未完成""未落实"等问题归集为"政策实施结果"；如果是"未及时"，我们归集为"政策执行过程"中的"及时性"评价。

为增强和细化对减税降费政策审计评价的理解，我们对表7-9的审计评价内容做进一步的阐释，增加对应的直观"问题描述"和审计结果公告中的"公告示例"，具体内容如表7-10所示。

表7-10　　减税降费政策执行效果审计评价与示例　　单位：次、%

	审计评价	问题描述	公告示例	数量	占比
政策执行过程	保障和监控机制	政策监控不到位	相关部门不掌握应返未返保证金清理偿还工作进度	2	0.43
	及时性	政策落实不及时、推进缓慢	未及时采取退费措施；未及时返还到期的保证金	44	9.48
	合法合规性	违规操作	利用行业协会变相收费；违规收取评审费；违规收取国家已取消的检测费	318	68.53

续表

审计评价	问题描述	公告示例	数量	占比
执行实施结果 政策未完成	政策未执行	未按规定制订详细的清偿计划或未落实还款资金来源； 未按规定完成500万元以下无分歧欠款"清零"等任务； 政府部门承担的费用转嫁企业承担	100	21.55
合计			464	99.99

综合分析表7-9和表7-10减税降费政策审计的实践评价体系，有以下特征：

（1）理论政策执行效果审计评价体系中，政策实施结果部分的审计评价包括经济性、效率性和效果性，但实践中审计机关较少进行相关评价。

（2）在减税降费政策审计的实践评价体系中，增加了政策实施结果的政策未完成评价。实践中审计机关揭示的问题，主要包括政策执行主体没有按政策要求落实减税降费，而较少做其他评价。对于审计结果公告中明确提及"未及时"等关键词，我们归类为政策执行过程中政策落实的及时性评价。对于没有提及"及时""违规"等符合其他审计评价标准的内容，我们归类为政策实施结果的政策未完成评价。

（3）减税降费政策审计的实践评价体系中，审计内容是违规收费的，基本被归类为政策执行过程的合法合规性评价。

（4）减税降费政策审计的实践评价体系中，审计机关对政策执行过程的合法合规性评价最多（318次），占比达到68.53%。政策实施结果的政策未完成评价也较多（100次），占比达到21.55%。统计结果也反映出，实践中政策执行主体进行了较多的"依托权力"主动违规收费，以及"懒政"不作为不主动减降费用。

（5）实践中审计机关很少对减税降费政策执行问题的机制做评价。从表7-10来看，只有2次，占比为0.43%，涉及政策执行的保障和监控机制，主要包括相关部门没有掌握应返未返保证金清理偿还的工作进度，即审计发现政策执行主体没有监督和控制返还保证金政策的执行。

二 减税降费政策审计评价的政策依据

实践中的减税降费政策审计在进行审计评价时，广泛运用重大政策条文（具体要求或具体指标）作为判断依据。我们统计审计结果公告中披露的审计判断政策依据，发现其依托的政策依据包含了国务院和各部委发布的相关政策。

本书统计的 28 份审计署审计结果公告中揭示的减税降费政策问题中，作为审计判断依据而明确指出的政策有 48 条，其中国务院发布的政策有 13 条，其他组织和部门发布的政策有 35 条。[①] 国务院发布的政策主要包括《中共中央办公厅 国务院办公厅关于转发财政部〈关于治理乱收费的规定〉的通知》（中办发〔1993〕18 号）、《关于清理规范各类职业资格相关活动的通知》（国办发〔2007〕73 号）、《国务院办公厅转发教育部等部门关于建立中小学校舍安全保障长效机制意见的通知》（国办发〔2013〕103 号）、《国务院办公厅关于进一步加强涉企收费管理减轻企业负担的通知》（国办发〔2014〕30 号）等。其他组织和部门主要包括全国和地方人大常务委员会、财政部、国家发展改革委、地方政府部门、人力资源社会保障部、工业和信息化部、城乡建设和管理委员会、国家评定部门、文物局、住房城乡建设部、银监会、住房城乡建设部、国土资源部、中国人民银行、民政部、国家档案局、国家计委、国家经贸委等。其他组织和部门发布的政策主要包括《财政部 国家发展改革委关于清理规范一批行政事业性收费有关政策的通知》（财税〔2017〕20 号）、《财政部关于取消、停征和整合部分政府性基金项目等有关问题的通知》（财税〔2016〕11 号）、《人力资源社会保障部关于减少职业资格许可和认定有关问题的通知》（人社部发〔2014〕53 号）、《国家计委、国家经贸委关于停止收取供（配）电工程贴费有关问题的通知》（计价格〔2002〕98 号）等。

可以看出，减税降费政策审计在实践中，更多以更具体的部门方案、通知、办法等作为政策依据，可能的原因是这些具体政策能够提供更详细的相关政策执行指标和要求，适合作为审计的判断标准。

---

① 具体政策依据的名称见附录。

第四节　减税降费政策审计的效用发挥

基于政策执行效果审计的理论研究可以发现，审计发挥效用的路径主要有促进减税降费政策落实的经济责任更好履行、提高政策制定与执行信息的质量、提供为利益相关者决策服务的审计信息。从审计实践来看，可以直接观测第一条路径，促进减税降费政策更有效地制定和执行。具体而言，政策执行效果审计主要通过审计揭示和审计纠偏机制发挥效用。

截至 2021 年 4 月 20 日，审计署网站已经公开发布 28 份审计结果公告。分年度统计 28 份审计结果公告中揭示的减税降费问题数量，统计结果见表 7-11，同时绘制趋势图 7-1。从统计表和趋势图可以看出审计揭示的"简政放权""放管服"政策背景下减税降费问题数量总体大幅上升。数据表明，一方面，审计机关对"减税降费"政策的关注不断增强，政策执行效果审计在促进"减税降费"政策全面有效落实方面发挥了重要作用；另一方面，实践中的"减税降费"政策落实仍然存在较大问题，应引起各部门高度重视，针对审计发现的问题不断完善整改，切实推进降低企业成本，增加微观经济主体活力。

表 7-11　　　　减税降费政策审计揭示的问题数量　　　　单位：次

年份	审计揭示的问题数量
2015	23
2016	36
2017	95
2018	116
2019	120
2020	74
总计	464

注：2020 年审计揭示问题的数量减少可能与新冠疫情有关。

实践中，政策执行效果审计除传统的审计揭示问题，促进整改纠偏外，还在审计结果公告中披露整改较好的案例、各地方和部门落实减税降费政策的积极举措（审计机关将其作为典型进行宣传）。审计整改是审计效用发挥的一种直接方式。积极举措的披露（审计表扬）是审计效用发挥的一种间接方式。经过审计结果公告的披露，能够产生宣传和发挥带头引领的作用，为其他政策执行主体树立整改和效仿目标，产生溢出效用，同时对被表扬地方也起到激励效用。

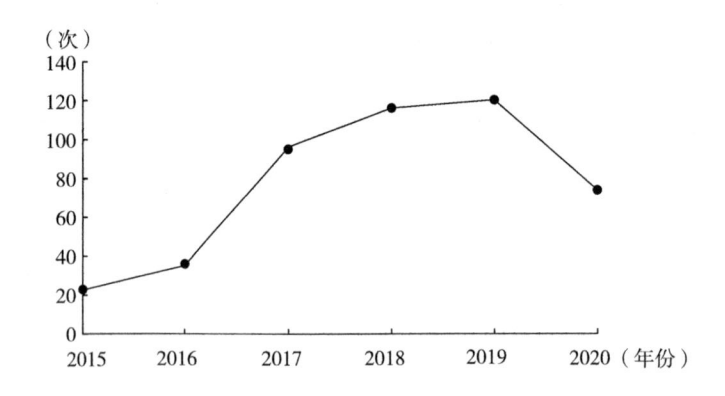

图 7-1 减税降费政策审计揭示的问题数量趋势

本书收集 28 份审计结果公告中披露的减税降费政策整改效果较好的案例共 52 个①，梳理审计效用发挥的具体表现，整理结果如表 7-12 所示。

表 7-12　　　　减税降费政策审计的整改案例及效用　　　　单位：个

审计效用		数量	审计公告示例
创新机制，助力企业高质量发展	创新工作方法，推动政策落实	1	关于收费公路通行费收费系统无法开具增值税专用发票问题。财政部、交通运输部、税务总局联合发布……推进高速公路电子不停车收费联网清分结算中心系统和发票服务平台建设，至 2017 年底已实现向纳税人开具发票

---

① 本书比对审计整改与前期审计揭示内容，未发现一一对应的关系，而只是总括的审计整改情况。

续表

审计效用		数量	审计公告示例
纠正了违规收费行为	停止违规收费行为	19	湖南省长沙市食品药品监督管理局约谈技术提供商，对接入食品药品远程视频监管系统的医药企业不再收取后续服务费
	退还违规收费款项	12	关于湖南省耒阳市矿产品税费征收管理局违规收费问题。耒阳市积极整改……已向 23 家煤业公司退还违规收费 1052.20 万元
	清退建设领域保证金	12	关于中国铁路总公司和 7 个省的 15 家单位未按规定清退违规收取或应予返还的保证金 3.7 亿元问题。……已全部退还保证金
降低了企业成本	降低企业经营成本	2	关于北京市水利建设基金免征政策落实不到位，部分小微企业多缴费用 132.44 万元的问题。北京市及时组织整改，自 2019 年 1 月起……征收水利建设基金，切实支持实体经济发展
	及时退还应退（减）未退（减）企业税款，解决长期占压企业资金问题	4	关于黑龙江省桦南县国家税务局应退未退企业税款 6985.03 万元的问题。桦南县国家税务局根据地方财力制订分期退税计划……长期占压企业资金的问题得到有效解决
	清偿拖欠民营企业账款	2	关于陕西省等 4 个省相关单位拖欠民营企业中小企业账款 2680.13 万元的问题。陕西省、山东省、宁夏回族自治区和山西省……抓紧组织清欠，截至 2019 年 3 月底，上述账款已全部偿还企业

同时，本书整理 2015—2020 年的审计结果公告中的积极举措案例共 13 个，梳理对应的审计效用发挥情况，整理结果如表 7-13 所示。

表 7-13　　　减税降费政策审计的积极举措案例及效用　　　单位：个

审计效用		数量	审计公告示例
创新机制，助力企业高质量发展	创新工作方法，推动政策落实	2	税务总局创新工作方法，推动减税降费政策落实。针对税务系统层级多、管理链条长的特点，积极探索创新……在任务落实方面，采取"一张表"推进，全年动态细化了 9 大类 517 项减税降费具体任务……在政策解答方面，开通 12366 纳税服务热线等 6 条减税降费问题收集渠道……在工作部署方面，取消层层转发文件程序，采取"一竿子到底"的方法……

续表

审计效用		数量	审计公告示例
降低了企业制度性成本	降低企业经营成本	7	广东省佛山市出台降低制造业企业成本措施……截至2017年底已为制造业企业减负122.5亿元
	税负明显下降	2	全面推开"营改增"试点后，餐饮业部分试点纳税人税负下降明显
降低了企业制度性成本	降低融资成本，减轻企业负担	2	广东省中山市推出"助保贷"业务。2017年以来，中山市出台降低制造业企业成本支持实体经济发展的若干政策措施……截至2018年9月底，累计撬动各合作银行采取"助保贷"方式为全市423家企业发放贷款64.39亿元

另外，本书还收集了地方和部门关于减税降费政策审计的整改情况报告，如表7-14所示。从表中可以看出针对政策执行效果审计（政策措施落实情况跟踪审计）揭示的具体问题，相关地方和部门均制定整改措施逐条整改，即审计通过纠偏的方式发挥效用。

表7-14 部分地方和部门减税降费政策审计的整改效用

省份/部门	审计整改的措施与效用（示例）	审计整改报告
云南玉溪市人民政府	（1）退还相关费用，进一步加强制度建设，强化各项工作的监督管理，规范工作行为，杜绝违规现象发生 （2）通过《玉溪日报》等媒体向社会发出公告，告知需清退押金的经营户可持相关资料进行押金清退 （3）将行业协会商会抽查工作纳入抽查工作计划，对全市行业协会商会收费等工作开展联合抽查工作 （4）因为涉及报名人员多且年限跨度长，造成上述款项难以清退到原来的报名户手中，结合工作实际，严格按照审计的要求，于2020年8月25日对上述款项全部上缴省级财政	玉溪市人民政府关于对玉溪市2020年第四季度减税降费政策措施贯彻落实情况专项审计的整改报告

续表

省份/部门	审计整改的措施与效用（示例）	审计整改报告
山东滨州市	积极推进房租减免退费工作，已将上述涉及的25户商户的房租全部退还完毕（山东省北镇中学）	关于滨州市市级推进"一次办好"改革和减税降费政策措施落实情况跟踪审计报告及整改情况报告
云南芒市人社部	（1）针对养老保险待清退2户1634.24元、失业保险待清退34户20450.43元的问题，通过采取积极联系企业、电话联系、上门服务等方式，已经清退 （2）通过广播电视、报纸、网站、微信、宣传手册、进村入户等多种方式进行实地动员，大力宣传就业创业优惠政策、减免和缓缴社会保险政策，使各类扶持政策家喻户晓 （3）继续执行好企业稳岗返还、减免社会保险费优惠政策，简化业务办理流程，优化企业跟踪服务，让企业真正享受优惠政策，切实为企业减轻负担 （4）积极推进创业扶持工作，切实把创业扶持作为疫情过后恢复经济发展的一项重要政策。把扶持创业政策宣传到群众中，出主意，想办法，把市场前景好的特色产业和创业项目推荐给创业者，为创业者营造良好的创业环境，解决创业者资金周转和扩大经营规模资金不足问题	芒市人力资源和社会保障2020年第一季度减税降费审计发现问题整改报告

第八章

扶贫政策执行效果审计实践

2020 年我国全面实现建成小康社会的总体目标。审计署依据《国务院关于加强审计工作的意见》等文件要求，对扶贫政策的执行情况进行审计。本章主要收集整理 2015 年 5 月至 2020 年第四季度审计署审计结果公告中关于扶贫政策审计的内容（包含乡村振兴的相关公告共 450 条[①]），分析审计对象、审计内容、审计评价、审计效用等重要审计要素。

第一节 扶贫政策审计的审计对象

本书将扶贫政策审计的审计对象从三个角度进行划分并分析其问题分布情况：①审计对象按政策流程划分，可分为政策执行过程、政策实施结果和政策措施本身；②审计对象按政策执行主体机构划分，可分为不同层级政府（执行扶贫政策的政府部门范围广，审计揭示时未针对部门，而以政府为单位汇总披露）；③审计对象按行政归属可划分为 31 个省份、国家级协会（联合会）、中央部门以及国家级系统。

一 审计对象按政策流程划分

审计对象按政策流程划分包括政策执行过程、政策实施结果和政

[①] 由于存在一条公告内含有多项内容的情况，在进行分类和评价时需要分开列示，因此部分统计内容所列示的公告条数增加至 504 条。

策措施本身。本书对审计结果公告中扶贫政策审计揭示的问题,按政策流程对审计对象进行划分,并分析其问题分布情况。具体划分时,本书以政策要求的实施或完成期限为标准,[①] 如果是针对超出期限的政策进行审计评估,则归类为政策实施结果,反之未超出政策要求完成期限的,则归类为政策执行过程;针对政策本身的评价归类为政策措施本身。统计结果如表 8-1 所示。

表 8-1　　　　　　审计对象按政策流程划分　　　　单位:次、%

审计对象		审计结果公告示例	公告数量	占比
政策执行过程	扶贫政策执行机制的运行	同类项目由两个以上部门多头组织实施	426	84.52
	扶贫对象的界定	2 个县将 558 名不符合易地扶贫搬迁条件的人口列入 2016 年度搬迁对象		
	扶贫资金的分配	部分资金分配审批时间过长、部分项目未满足支付条件……		
	扶贫资金的使用	2016 年至 2019 年 6 月,8 个县违规将 27305.34 万元扶贫资金用于办公用房装修、宾馆建设等非扶贫领域		
	扶贫项目的建设和管理	9 个县的 98 个扶贫项目未按规定执行政府采购或招投标程序……		
	扶贫项目的推进	由于配套变压器容量不足、并网发电申请工作推进缓慢,唐县 26 个已经完工光伏发电项目中 21 个未及时并网……		
	扶贫项目的验收	2018 年,广昌县农村安全饮水工程项目在未完工情况下虚假验收,涉及资金 76.86 万元		
政策实施结果	资金使用或项目是否完成	山东省巨野县万丰镇彭庄村优质核桃种植项目计划投资 54.4 万元,应于 2015 年 5 月完工,至 2016 年 9 月底,由于土地流转不到位等原因,项目未完成	71	14.09
	项目建成后是否闲置	2015 年底建成的石阡县坪山乡桥子山片区饮水安全工程,因水源纠纷等原因闲置至今,涉及资金 232.86 万元		

---

① 没有明确说出扶贫政策实施期限的情况,主要依据:审计是否在项目实施期间跟踪介入;审计是否对项目建成后的结果或效益进行审计。

续表

审计对象		审计结果公告示例	公告数量	占比
政策实施结果	扶贫政策完成后是否达到预期效果	2013—2015年,重庆市丰都县、石柱县实施的中药材种植等5个产业扶贫项目,因后期管护不力等,项目荒废或苗木大量死亡,实施效果不佳……		
政策措施本身	政策本身的科学性	贵州省瓮安县"十三五"脱贫攻坚规划编制不够精准,计划于2017年投入118.84亿元,超过同期财力的3倍多	7	1.39
	政策衔接的协调性	四川省古蔺县2016年易地扶贫搬迁工程存在前期准备不充分、政策不衔接等问题……		
总计			504	100.00

注:后文的审计评价部分,也主要采用了按政策流程划分的思路,将展开更细致的讨论。

从表8-1可以看出,扶贫政策执行效果审计的审计对象按政策流程划分具有以下特点:

(1)扶贫政策执行效果审计的审计对象按流程划分,被审计揭示问题最多的是政策执行过程,占比达到84.52%。扶贫政策执行过程主要包括扶贫政策执行机制的运行、扶贫对象的界定、扶贫资金的分配、扶贫资金的使用、扶贫项目的建设和管理、扶贫项目的推进、扶贫项目的验收等。扶贫政策在执行过程中,主要依托扶贫资金、扶贫项目等资源,扶贫资金的使用以及扶贫项目的推进中可能涉及较多问题,进而被审计关注和揭示的也会相对更多。

(2)扶贫政策执行效果审计对政策实施结果的问题揭示较少,占比为14.09%。[①] 扶贫政策实施结果主要包括资金使用或项目是否完成,项目建成后是否闲置、扶贫政策完成后是否达到预期效果等。本书统计数据发现,绝大部分扶贫政策是在要求期限内完成的,因此针对扶贫政策是否按期完成的审计揭示问题较少。另外,审计机关针对扶贫政策完成的效果性、效率性和经济性的审计评估相对较少。

---

① 与其他政策相比,针对扶贫政策实施结果的审计关注和评价相对更多。

(3)政策措施本身作为审计对象,被审计揭示最少,占1.39%。政策措施本身主要包括扶贫政策制定的科学性、合理性、协调性、可行性等。从实践中审计机关的审计揭示来看,只是指出少部分政策或者规划不够精准或者引领作用不强。可能的原因是,扶贫政策通常在大方向是合法科学的。也可能是,理论上审计机关应当是在扶贫政策执行后,归纳总结政策执行及结果中出现的机制与制度等问题,再反过来对政策制定的本身进行"反馈评估",而目前这部分内容开展得较少。

二 审计对象按政策执行主体划分

政策执行效果审计应当以承担公共受托经济责任的政策执行主体为审计对象,评估其政策落实的过程及效果。审计署要求实现对扶贫开发政策、资金、项目进行有重点、有步骤、有深度、有成效的审计全覆盖。可见,重要的审计对象包括主管扶贫政策、扶贫资金和扶贫项目的相关部门和人员。

扶贫工作分为多个大类,包括教育扶贫、产业扶贫、易地搬迁扶贫、医疗扶贫、社保兜底扶贫等,每一类扶贫工作相关的政策资金及项目的主管部门人员,都是政策执行主体。如教育扶贫,政策执行主体可能包括教育部门、民政部门、扶贫办、人力与社会资源保障部门等,如果涉及特殊困难群体,还可能包括残联等;如易地扶贫搬迁,政策执行主体可能包括发改部门、国土资源部门、扶贫办、财政部门以及相关金融机构等。

本书整理相关的审计结果公告内容,发现实践中审计机关揭示的扶贫政策落实问题,未针对具体部门进行揭示,而是以某层级政府为单位进行披露的,统计结果如表8-2所示。

表8-2　　　　　审计对象按政策执行主体划分　　　　单位:次、%

审计对象	公告数量	占比	审计结果公告示例
省级行政区	23	4.56	截至2018年5月,山西省2017年设立的省级扶贫周转金中,有1.87亿元省级财政资金一直未使用
市级行政区	21	4.17	2016—2017年,凌源市简单发钱发物……

续表

审计对象	公告数量	占比	审计结果公告示例
县级行政区	394	78.18	截至2020年3月底，山西省和顺县、河南省滑县的324名建档立卡贫困人口未参加基本医疗保险
乡级行政区	7	1.39	2015年11月，辽宁省建昌县养马甸子乡通过编造虚假培训人员名单、开具虚假发票、编造虚假支出事项等方式，套取财政扶贫培训资金3.92万元在乡政府挂账
村级地区	16	3.17	截至2018年3月底，由于未考虑建设水井工程等配套设施、农机具配套设备未到位，黑龙江省拜泉县兴农镇守林村25栋大棚及永勤乡永勤村2台农机具闲置无法使用……
多主体地区	43	8.53	截至2020年3月底，云南省消冰市、湖南省洞口县由于审核把关不严，6个项目的施工单位通过虚报工程量等方式骗取扶贫资金273.44万元
总计	504	100.00	

从表8-2的统计结果可以看出，审计对象按照扶贫政策的执行主体划分具有以下特点：

（1）审计对象按照扶贫政策的执行主体划分，在实践中未能精准揭示具体的执行部门或单位，只划分至不同层级的行政区域。即实践中审计机关揭示扶贫政策执行的问题，未明确具体的责任主体部门或单位。可能的原因是，扶贫工作及扶贫政策的落实，涉及的主体范围广，需要各部门和单位的广泛参与和配合，审计发现的问题不只是某一个特定部门或单位的责任。

（2）审计对象按中华人民共和国的行政区划，划分为中央、省级（自治区、直辖市）、市级、县级和乡级（乡级包括乡和镇）五级，另外实践中还增加了村级地区。从审计结果公告中统计的审计揭示来看，审计机关还关注了村级地区的扶贫政策执行。表8-2中的多主体地区，是指同一项审计问题揭示中，涉及多个审计对象，如"截至2020年3月底，云南省消冰市、湖南省洞口县由于审核把关不严，6个项目的施工单位通过虚报工程量等方式骗取扶贫资金273.44万元"。

（3）县级行政区域作为审计对象，被审计机关揭示的问题最多，占比达到78.17%。可能的原因是，根据脱贫攻坚战和"十三五"规划的要求，我国的脱贫对象主要以国家级贫困县（包含建档立卡贫困村)为单位,扶贫政策(包括扶贫资金、扶贫项目)的具体执行也集中到相应的贫困县等县级行政区。

三 审计对象按行政归属划分

2015年5月至2020年第四季度的《重大政策措施落实情况跟踪审计结果公告》所披露的问题中,与扶贫相关的公告均列示了涉及地区,该板块列示的最小行政单位为县级。本书将扶贫政策执行效果审计中揭示的问题逐年按省级进行分类,并统计2015—2020年31个省级行政区被揭示问题的次数。[①] 统计结果如表8-3所示。由于审计署披露的公告是全国范围内汇总后的结果,每一条内容可能反映多个地区的相似问题,因此总计数远大于公告条数。

表8-3　　　　　　审计对象按行政归属划分　　　　单位:次

省份	2015年	2016年	2017年	2018年	2019年	2020年	总计
黑龙江省	2	7	28	28	59	16	140
四川省	1	7	35	31	32	5	111
重庆市	2	1	21	16	52	5	97
河北省	1	8	14	21	30	4	78
贵州省	3	12	17	14	12	13	71
云南省	3	9	22	9	16	8	67
广西壮族自治区	2	2	10	11	32	3	60
山东省	3	2	1	11	25	15	57
辽宁省	3	5	2	9	18	16	53
山西省	0	3	11	7	21	7	49
湖南省	2	3	7	13	11	10	46
甘肃省	1	5	5	9	24	1	45
吉林省	4	3	8	5	4	18	42
陕西省	0	8	8	4	15	7	42
湖北省	1	4	9	4	22	0	40
河南省	2	1	4	3	17	11	38
宁夏回族自治区	0	3	5	3	18	4	33

---

① 未包含香港、澳门和台湾。

续表

省份	2015年	2016年	2017年	2018年	2019年	2020年	总计
江西省	2	5	5	10	10	0	32
内蒙古自治区	0	2	5	2	18	5	32
广东省	2	2	3	5	10	7	29
海南省	0	0	8	9	6	5	28
安徽省	0	0	2	2	17	4	25
福建省	2	1	4	2	8	2	19
西藏自治区	0	0	0	0	11	4	15
浙江省	0	0	0	2	1	3	6
新疆维吾尔自治区	0	0	0	0	1	2	3
江苏省	1	0	1	0	0	0	2
上海市	1	0	1	0	0	0	2
北京市	1	0	0	0	0	0	1
天津市	0	0	0	0	0	0	0
总计	39	93	236	230	490	175	1263

从表8-3可以看出从2015年到2019年各省扶贫政策执行效果审计揭示的问题总体增加，2019年大幅增加，而到2020年大幅下降。可能的原因有：

（1）2014年10月国务院在《关于加强审计工作的意见》中明确，政策落实跟踪审计的开展目标是推动政策有效贯彻落实；2015年5月审计署才开始正式实施政策执行效果审计，因此关于扶贫政策审计的内容在2015—2016年相对较少。

（2）2015年发布了《关于打赢脱贫攻坚战的决定》，对贫困地区实施精准扶贫，同时扶贫内容和对象的归类更加精准、全面；2016年国家发布了较多细化的扶贫政策。因此，2017年和2018年扶贫政策执行效果审计力度加强，揭示问题数量相比前两年大幅增加。

（3）2018年发布了《关于打赢脱贫攻坚战三年行动的指导意见》，2019年距脱贫攻坚目标仅剩一年，因此各地区高密度地落实扶贫政策、完工扶贫项目，相应地，审计机关也集中力量关注扶贫政策，审计力度与揭示问题数量大幅增加。

（4）2020年是脱贫攻坚的收官之年，扶贫政策实施进入完结阶段，相应涉及的问题总体减少；从2020年第二季度起审计机关对政策的关注点从扶贫转换为乡村振兴，同时统计发现2020年扶贫政策执行效果大多是对以前年度揭示问题较少地方的关注，体现出对扶贫政策审计工作的补充完善。

另外，从表8-3的数据分布来看，2015—2020年被政策执行效果审计揭示60次及以上的省份包括黑龙江省、四川省、重庆市、河北省、贵州省、云南省、广西壮族自治区，可能跟地方贫困人口、贫困程度以及地方治理水平有关。本书结合地方的扶贫及脱贫攻坚任务情况综合分析。

我国国家级贫困县主要集中在西南地区。其中，受地理条件、历史等原因的影响，云南省、西藏自治区、四川省和贵州省是国家级贫困县分布最多的地区。

结合表8-3的统计数据，可以看出2015—2020年扶贫政策审计揭示问题最多的7个地区（黑龙江省、四川省、重庆市、河北省、贵州省、云南省、广西壮族自治区），其中4个地区（四川省、河北省、贵州省、云南省）都是拥有贫困县较多的省份。

第二节　扶贫政策审计的审计内容

一　审计内容按扶贫类别划分

2015年11月，中共中央、国务院发布《关于打赢脱贫攻坚战的决定》，内容包括健全扶贫工作机制、发展产业脱贫和资产收益扶贫、就业脱贫、教育脱贫、易地搬迁脱贫、医疗脱贫、兜底脱贫、特殊困难人群关爱体系、金融扶贫、农村危房改造和人居环境整治、交通水利电力建设。2016年12月，国务院印发《"十三五"脱贫攻坚规划》，2018年6月发布《关于打赢脱贫攻坚战三年行动的指导意见》，要求提高脱贫质量、扶贫与扶志扶智相结合、开发式扶贫与保障式扶贫相统筹，更深一步开展脱贫攻坚战工作。

针对中共中央关于扶贫工作的指示和要求，2016年5月，国务院发布《审计署办公厅关于进一步加强扶贫审计促进精准扶贫精准脱贫政策落实的意见》，进一步明确和突出扶贫审计重点。

从上述扶贫政策和扶贫政策审计的相关要求来看，扶贫政策的落实着重依托扶贫资金、扶贫项目以及扶贫产业。扶贫政策审计的审计内容主要包括哪些，是否与传统审计一致，主要关注资金和项目？进一步而言，扶贫政策审计是否与传统审计一致，主要关注合法合规性？是否体现了政策审计的特点，可能会存在哪些不足需要进一步完善？这些问题值得我们进一步研究。因此，本书以中央重大扶贫政策为依据，结合政策执行效果审计结果公告，分析扶贫政策审计的内容。本书为了对审计内容有一个总体认识，首先按照扶贫的大类别对审计内容进行划分，具体划分为项目扶贫、资金扶贫和产业扶贫，内容划分与审计揭示问题的分布如表8-4所示。

表8-4　　　　　审计内容按扶贫类别划分　　　　单位：次、%

审计内容—扶贫类别	问题数量	占比
项目扶贫	221	43.85
资金扶贫	172	34.13
产业扶贫	111	22.02
合计	504	100.00

资金扶贫主要是指直接对贫困群体进行资金救助或补贴的保障式扶贫，我们把提供金融支持的金融扶贫也划分到资金扶贫中；产业扶贫主要是指以市场为导向，培育贫困地区的主导产业，促进贫困地区发展、增加贫困农户收入的扶贫方式，是开发式扶贫中的一类；项目扶贫主要是指能改善贫困人口生活和促进贫困地区发展的扶贫项目，其中大多表现为保障式扶贫。

需要注意的是，这三种类别存在着交叉。扶贫项目审计可能同时交叉资金审计，如健康扶贫中可能涉及直接扶贫生活补贴或保险，也可能涉及村卫生室建设项目；产业扶贫也可能同时涉及产业项目和产业补助资金。①

从表 8-4 可以看出，三类审计内容被审计揭示的比重均较大，可能原因是中共中央和国务院颁布的文件中对各类扶贫均高度重视，且都对政策做了较为具体的要求。相对而言，项目扶贫被审计揭示的数量最多，可能由于此类扶贫类别涉及的范围最广，涉及兜底保障、教育、医疗、住房、饮水、交通和易地扶贫搬迁等项目内容。产业扶贫被审计揭示的问题也较多，可见产业扶贫也是扶贫工作的重点。

本书进一步细化扶贫类别，依据国家发布的重要政策文件和审计结果公告的内容综合判断，按扶贫政策的类型进行划分，结果如表 8-5 所示。具体可以划分为 11 类：产业扶贫、其他扶贫项目、易地扶贫搬迁、农村住房饮水安全保障、金融扶贫、其他扶贫资金、健康扶贫、就业扶贫、教育扶贫、兜底保障和交通扶贫。表 8-5 进一步把表 8-4 的资金扶贫和项目扶贫内容进行了细分，可以看出被审计揭示问题占比较大的政策类型包括易地扶贫搬迁、农村住房饮水安全保障、金融扶贫、健康扶贫、就业扶贫等。

表 8-5　　　　审计内容按扶贫政策类型划分　　　　单位：次、%

审计内容—扶贫政策类型	数量	占比
产业扶贫	111	22.02
其他扶贫项目	76	15.08
易地扶贫搬迁	55	10.91
农村住房饮水安全保障	54	10.71
金融扶贫	46	9.13
其他扶贫资金	37	7.34
健康扶贫	34	6.75
就业扶贫	26	5.16
教育扶贫	23	4.56

① 在实际划分中，本书尽量将审计内容按产业、项目和资金进行剥离划分。

续表

审计内容—扶贫政策类型	数量	占比
兜底保障	22	4.37
交通扶贫	20	3.97
总计	504	100.00

二 审计内容按问题类型划分

本书按照扶贫大类别和扶贫政策类型对扶贫政策执行效果审计的审计内容进行划分,发现除传统的资金和项目外,还增加了产业扶贫的内容,即开发式扶贫增加收入。审计机关对这些审计内容的关注,是否只涉及传统的违法违规,是否关注政策结果的效果性、效率性和经济性,是否关注政策执行过程中的体制机制问题?本书结合审计结果公告揭示的内容,将扶贫政策落实的问题划分为10类:项目建设或管理不合规、项目闲置或效益不佳、政策惠及对象不合理、资金违规使用、项目推进缓慢、资金闲置、资金骗取套取、资金统筹不到位、项目虚假验收和资金损失浪费。将审计内容进一步从审计揭示的问题类型角度进行划分,结果如表8-6所示。

表8-6　　审计内容按问题类型和扶贫政策划分　　单位:次

	产业扶贫	其他项目	易地搬迁	农村住房饮水安全	金融扶贫	其他资金	健康扶贫	就业扶贫	教育扶贫	兜底保障	交通扶贫	总计
项目建设或管理不合规	8	11	12	14	7	1	4	5	1	2	10	75
项目闲置或效益不佳	51	17	8	11	2		4	1	1	3		98
政策惠及对象不合理	2	1	7	4	16	2	19	7	11	13		82
资金违规使用	10	4	8		10	16		1		1	1	51
项目推进缓慢	17	11	4	10	1		2	3	6	1	7	62
资金闲置	10	9	9	2	3	11				2		46
资金骗取套取	10	6	2	2	5	4		7	1			37
资金统筹不到位	1	8	1		1	1	1	1	1		1	16

续表

	产业扶贫	其他项目	易地搬迁	农村住房饮水安全	金融扶贫	其他资金	健康扶贫	就业扶贫	教育扶贫	兜底保障	交通扶贫	总计
项目虚假验收	1	2	3	9			4		1	2	1	23
资金损失浪费	1	7	1	2	1	2						14
总计	111	76	55	54	46	37	34	26	23	22	20	504

从表 8-6 可以看出，针对前文分析的 11 类扶贫政策类型，审计机关都揭示了多种问题类型。总体来看，审计内容从扶贫政策和问题类型的角度划分具有以下特征：

（1）针对各类扶贫政策，审计机关关注内容除项目与资金违规外，还增加了对项目推进程度、项目效益、资金使用效益（包括资金闲置、资金统筹、资金损失浪费等）以及政策惠及对象是否合理等问题。对项目效益、推进及时性和资金使用效益的关注，体现了扶贫政策执行效果审计中绩效审计的特征。

（2）审计内容仍主要围绕扶贫项目和扶贫资金展开，但与其他审计类型不同的是，还增加了对政策受益人的关注。理论上政策执行效果审计的具体目标是对政策的执行和效果做出审计评价，而政策效果很大程度体现在政策受益人身上。相较于其他政策，扶贫政策的受益人更为直接和明显。具体来看，审计机关在金融扶贫、健康扶贫、教育扶贫和兜底保障方面揭示较多的是政策惠及对象不合理的问题。

（3）审计内容按问题类型划分，被审计揭示问题最多的包括项目闲置或效益不佳、政策惠及对象不合理、项目建设或管理不合规、项目推进缓慢、资金违规使用，占比分别为 19.44%、16.27%、14.88%、12.30% 和 10.12%。可以看出，项目和资金的不合规问题仍然是主要问题，同时项目效益、政策受益人和项目进度方面也受到审计的重点关注。扶贫项目是扶贫工作的重要内容，扶贫项目建成后发挥预期效果才是真正地完成项目。从审计揭示来看，扶贫项目存在较多项目闲置或效益不佳问题，这也表明扶贫政策审计中开展了较多绩效评估内容。

另外，在实践中，审计机关在审计结果公告中对审计内容和审计问题进行分类披露时，存在归类划分不明确、不统一的情况。如相似内容在部分公告中归类为易地扶贫搬迁，在其他公告中列示为项目推进缓慢的内容，两者描述的内容存在重合与交叉。可能的原因是，审计机关尚未形成明确的内容分类标准，可能从政策类型进行归类，也可能从问题类型进行归类，这样的披露方式长期来看会影响整体报告的可读性。

第三节 扶贫政策审计的审计评价

本书第三章对理论上的政策评价路径、评价模式、评价标准和评价指标体系做了详细讨论，为了方便对应分析实践中的扶贫政策审计评价，本书仍在此列示出理论上的政策执行效果审计评价指标体系，如表8-7所示（与表3-5一致）。

表8-7　　　　　政策执行效果审计评价指标体系

目标层	准则层（一级指标）	方案层（二级指标）	审计评价标准
政策执行效果审计评价	政策执行过程	执行机制：反馈机制、保障机制、问责机制、纠偏机制以及监控机制等政策保障实施的机制	适当性
			可操作性
		政策制定与执行主体	执行力
		政策享用与惠及群体	政策回应度
		公共资源配置与资金管理	合法性、及时性、效果性
		政策性项目与资金管理	合法性、及时性、效果性
		政策落实过程管理	合法性、及时性、效果性
	政策实施结果	政策实施的结果	完成度、经济性、效率性、效果性
	政策措施本身	政策措施制定的反馈评估	充分性、公平性、适当性

第八章 扶贫政策执行效果审计实践

本书在理论分析政策执行效果审计评价体系的基础上,考察实践中的扶贫政策审计评价。本书整理所有政策执行效果审计结果公告中关于扶贫政策执行及效果的问题揭示,仔细分析判断其审计评价,并归纳到扶贫政策审计评价体系表(实践),见表8-8。

表8-8　　扶贫政策执行效果审计评价体系(实践)　　单位:次、%

准则层 (一级指标)	方案层 (二级指标)	审计评价标准	公告数量	合计	占比
政策执行过程	执行机制	前期调研准备环节	政策不适用或不可操作①	10	58	11.51
			实施方案制定不合理②	19		
			机构(职责)设置不合理	2		
		审批环节	实施方案审批不到位	5		
			机构(职责)审核不到位	8		
		推进环节	机构(职责)传达反馈不到位	10		
			机构(职责)监控不到位	3		
			机构(职责)问责纠偏不到位	1		
	执行过程	政策享用与惠及群体	惠及对象是否符合预期	72	368	73.01
		公共资金与资源配置	公共资金与资源配置合理性	2		
		政策性资金与项目(资源)管理	合法合规性	103		
			及时性	50		
			效果	2		
		政策落实过程管理	合法合规性③	79		
			及时性	43		
			效果	17		
政策实施结果	政策实施的结果		政策效果	55	71	14.09
			政策经济性	6		
			政策完成度	10		
政策措施本身	政策制定		政策的科学性	3	7	1.39
			政策的协调性	4		

155

续表

准则层 (一级指标)	方案层 (二级指标)	审计评价标准	公告数量	合计	占比
合计				504	100.00

注：①指前期调研不充分，选择了不适用的扶贫政策，或具体的安排操作性不强。如没有考虑地区的实际情况，在不适合的地区发展产业扶贫，造成项目终止或效益差。②指政策执行的准备期方案设计不合理、规划不科学、论证不充分等，导致后期实施过程中出现困难。③某些政策执行主体的不合法不合规问题，也同时反映出政策执行主体的"执行力"问题，如违规招标等。

本书对实践中的扶贫政策执行效果审计按审计流程划分后，构建扶贫政策执行效果审计的实践评价体系，从表8-8可以看出其审计评价具有以下特征：

（1）从审计机关对扶贫政策的总体审计评价来看，主要集中在评价政策执行过程，具体包括执行机制和执行过程，分别占11.51%和73.01%。另外对政策实施结果的评价占14.09%，政策措施本身的评价只占1.39%。

（2）对政策执行过程的评价，主要集中在政策性资金与项目（资源）管理、政策落实过程管理，分别占30.75%和27.58%，进一步的具体评价中涉及最多的是合法合规性和及时性。另外，在政策落实过程管理的审计评价中，涉及部分效果性评价，主要指政策落实中出现效果不佳的情况，例如："易地扶贫搬迁政策落实中存在脱贫效果不佳等问题。截至2016年底，2015年底以前已搬迁的711名贫困人口仍有352人未脱贫，占49.51%。"

（3）对扶贫政策执行过程的评价，包含了较多针对政策享用与惠及群体是否符合预期的评价，占比约14.15%。针对政策享用与惠及群体的审计评价，主要指政策享用对象是否包含了应享受政策却未享受、不应享受政策却享受了的群体。扶贫政策审计中的政策是否惠及预期群体的问题较为普遍，相对于其他政策审计，扶贫对象是否精准的问题更为直接和明显。

（4）实践中，审计机关还对扶贫政策执行机制进行了评价（占比约为11.51%），包括前期调研准备环节、审批环节、推进环节等。可以看出，审计机关除了评价政策执行和政策结果，还进一步探析问题产生的根源，揭示政策执行机制方面的原因，这能够对后期扶贫政策的制定和完善提供可靠有效的支持。但同时，审计机关实践中对政策执行机制的关注及问题揭示力度还不足，还需要进一步强化。

当审计结果公告中阐述由于某类机制原因而导致扶贫工作不到位时，本书将其归类为机制问题。具体来看，在前期调研准备环节，主要出现的问题是实施方案制定不合理和政策不适用或不可操作，例如："截至2019年9月底，2个县的2个项目因论证不充分、设计不合理等终止实施，造成前期已支付费用62.93万元损失浪费。"在项目或政策的推进环节，主要出现的问题是机构传达反馈不到位，例如："由于相关部门工作对接不够等，困难学生未能按规定享受补贴，涉及金额1371.24万元。"如果政策落实的保障机制出现问题，将导致后续政策的执行与效果受到影响。

（5）对扶贫政策执行过程中的合法合规性进行评价，仍然是审计机关重点关注的部分，主要包括对政策性资金与项目以及政策落实过程管理方面的合法合规性，占比达到36.11%（共182次）。政策执行的合法合规性被审计揭示的比例高，表明扶贫政策执行中还存在大量基础性问题，应不断充分发挥审计纠偏作用，促进政策合法合规性落实。

（6）针对扶贫政策实施结果的审计评价，占14.09%，与其他重大政策措施的审计评价相比，相对较多。理论上的政策执行效果评价体系中对政策结果的评价包括经济性、效率性和效果性。由于实践中审计揭示了较多的在截至政策期限内政策未完成的问题，因此本书在实践评价体系中加入了政策完成度的评价。从表8-8可以看出，实施结果的完成度、经济性、效率性评价均较少。实施结果的效果性评价主要指项目完成后未发挥预期的作用、项目完成后闲置等。本书注意区分政策实施结果的效果性评价与政策执行过程的效果性评价，前者是明确提出已超出政策实施期限，审计机关再对政策结果进行的效果评价，后者是在政策执行过程中的效果评价，如易地扶贫政策实施中发现效果不佳。针对资金或资源浪费问题，本书主要采用经济性指标进行评价，可以看出除了传统重点关注的合法合规性，扶贫政策审计中已较多关注政策效果的评价。

（7）针对政策措施本身的审计评价少，占1.39%。理论上，政策措施本身的审计评价包括政策的科学性、合理合法性和协调性等方面。从表8-8可以看出，实践中只有很少量的针对扶贫政策科学性、协调性的评价，主要包括脱贫攻坚规划编制不够精准、政策制定不够明确、政策之间未有效衔接、政策的引领作用差等。可能的原因是，国家发布的重大政策措施经过了严密的研究和讨论，所以总体符合合理合法性的要求。但审计机关可以进一步关注地方在落实中央政策时，制定的政策方案、政策细则是否存在问题，并作出相应评价。另外，理论上本书认为，审计应当在政策实施后，再对政策措施本身进行反馈评估，因此实践中可能需要审计机关在完成一定期间的审计工作后，依据审计发现的政策机制等问题，再总体评价政策措施本身，而目前可能还未深入开展，或者该项评价未采用审计结果公告的形式披露。

综上，审计机关对扶贫政策执行效果的评价重点仍关注了政策性资金与项目以及政策落实过程管理的合法合规性，同时审计机关也主要关注了扶贫政策中惠及群体是否合理、政策执行机制以及政策结果的有效性等，较多体现出绩效审计的特征。但审计评价在政策实施结果的效率性、经济性评价等方面仍然力度较小，应进一步加大审计关注度，增加相关审计评价，为后期的政策完善提供支持。另外，针对政策措施本身的评价也很少，建议审计机关在完善其他审计评价后，对整体扶贫政策的制定进行反馈评估。

第四节　扶贫政策审计的效用发挥

政策执行效果审计主要通过审计揭示并督促整改等方式发挥效

用。国务院要求各地方政府和部门针对审计揭示的问题建立整改台账，逐一整改，因此本书认为审计揭示的问题总体得到了纠正改善，审计通过揭示问题促进其整改纠偏而发挥效用。政策执行效果审计结果公告中除了揭示问题，还会披露整改较好的案例，进一步明确针对审计揭示的问题进行整改带来的直接效用。本书通过整理审计结果公告中明确披露的整改事项，梳理审计效用发挥的具体表现，统计结果如表8-9所示。

表8-9　　　　　扶贫政策审计的整改案例及效用　　　　单位：个、%

审计效用	整改较好案例	占比	审计结果公告示例
强化扶贫管理责任追究及整改	23	33.83	吉林、浙江、河南3个省加快保障性住房分配工作。吉林市人民政府对廉租房未及时分配的问题迅速落实整改……
统筹盘活扶贫资金	12	17.65	关于11个项目结存财政资金94.28亿元未及时安排使用发挥效益问题。山东等9省统筹盘活资金93.85亿元，用于扶贫、教育等项目支出
积极推进民生扶贫	10	14.71	关于广东省、陕西省部分地区惠农补贴"一卡通"管理不完善的问题。有关地区通过专项治理工作，出台加强……文件，进一步规范……
积极推进产业扶贫	6	8.82	关于17个产业扶贫项目未按要求建立利益联结机制或未实现预期收益问题。5省相关部门与项目单位开展座谈，促进……
积极推进健康扶贫	5	7.35	关于内蒙古自治区乌拉特中旗和武川县健康扶贫工程实施进展较慢的问题。自治区印发《关于做好人力资源社会保障健康扶贫工作的通知》，对健康扶贫工作……
积极推进教育扶贫	4	5.88	关于1.37万名建档立卡贫困家庭学生未享受教育资助问题。广东省、江西省修水县和余干县、重庆市武隆区及时制订补发方案……
解决缓慢问题	4	5.88	关于辽宁省清原满族自治县、吉林省长白朝鲜族自治县、四川省丹巴县扶贫项目进展缓慢问题。3县及时分解落实整改责任……
积极推进金融扶贫	2	2.94	关于浙江省缙云县扶贫小额贷款贴息政策执行不到位的问题。该县逐笔梳理核实扶贫小额贷款……

续表

审计效用	整改较好案例	占比	审计结果公告示例
提高扶贫精准度	2	2.94	关于河北省魏县、吉林省镇赉县17914名建档立卡贫困人口数据不完整的问题。2县对系统数据清理比对，对信息不完整的贫困人口重新入户识别
总计	68	100.00	

2015年5月至2020年第四季度的审计公告附件中，整改较好的案例中涉及扶贫的有68个。本书对整改内容归纳整理后，审计效用的发挥具体可以体现在九个方面。从表8-9分析来看，扶贫政策审计的效用发挥具有以下特征：

（1）审计效用的发挥在三个方面体现得最为显著，包括强化扶贫管理责任追究及整改（占33.83%）、统筹盘活扶贫资金（占17.65%）、积极推进民生扶贫（占14.71%）。可以看出，整改效用的发挥与前文分析的审计问题揭示有对应关系，政策执行主体针对审计揭示的合法合规性问题、及时性（资金闲置）问题等进行积极整改，发挥效用。

具体来看，强化扶贫管理责任追究及整改主要包括审计后追回扶贫资金、处理违规人员、继续深化扶贫工作等，另外还有地区在政策上做了更严格的追责规定，以约束和激励扶贫工作人员；统筹盘活扶贫资金包括对资金闲置问题进行整改、对违规使用资金进行追责以及解决贫困地区融资需求等；积极推进民生扶贫包括保障建档立卡和低保人口的财政补贴，保障住房安全、易地扶贫搬迁后续工作、饮水安全工程的改进和实施等，以及多项民生工程的汇总。

（2）其他方面的审计效用包括积极推进产业扶贫、积极推进健康扶贫、积极推进教育扶贫、解决缓慢问题、积极推进金融扶贫、提高扶贫精准度。绝大部分都与前文分析的审计揭示问题相对应。其中，积极推进产业扶贫主要对应审计要求整改的产业扶贫政策措施落实不到位、项目闲置或带动贫困户脱贫效益不佳等问题，有的地区还促进了产业扶贫的转型升级，对产业的模式进行新的探索。

可以看出，审计机关通过揭示问题，并督促地方政府和部门进行针对性整改完善，能够促进扶贫政策有效落实并达到预期目标。

同时，审计机关在审计结果公告中还披露了各地方和部门落实扶贫政策的积极举措（审计机关将其作为典型进行宣传表扬），即审计机关认为政策落实的过程和效果较好，具有其他地方和部门可借鉴的价值。经过审计结果公告的披露，能够产生宣传和发挥带头引领的作用，为其他政策执行主体树标杆、立榜样，产生溢出效用，同时对被表扬地方也起到激励效用。本书整理积极举措案例的情况如表8-10所示。可以看出，审计机关对积极推进产业扶贫、积极推进民生扶贫、积极推进健康扶贫、统筹盘活扶贫资金等方面的积极举措做了较多的肯定与推广。

表8-10　　　　扶贫政策审计的积极举措案例及效用　　　单位：个、%

审计效用	积极举措案例	占比	审计结果公告示例
积极推进产业扶贫	17	29.83	2016年7月以来，科技部推动地方政府落实科技特派员制度，引导农业高校、科研院所、农业龙头企业科技人员针对贫困地区的特点，深入……
积极推进民生扶贫	9	15.79	2016年以来，湖南省开展农村低保对象和扶贫对象的认定清理工作，加强建档立卡扶贫系统和社会救助信息管理系统信息共享……
积极推进健康扶贫	7	12.28	2017年9月，原卫生计生委联合四川省启动了凉山州艾滋病防治和健康扶贫攻坚行动……
统筹盘活扶贫资金	7	12.28	2015年12月，云南省人民政府出台《关于筹措新增专项扶贫资金有关事项的通知》，将统筹盘活的财政资金优先用于脱贫攻坚
积极推进金融扶贫	4	7.02	2015年以来，湖北省协调湖北银监局及相关金融机构在全省探索实施"金融服务网格化"战略，支持贫困地区基础设施建设……
提高扶贫精准度	4	7.02	2014年6月，广西壮族自治区整合民政、房产、住房公积金等多个部门管理的数据信息，建立了……
积极推进就业扶贫	4	7.02	广西壮族自治区实施"两后生"职业培训专项行动，积极推进就业扶贫

续表

审计效用	积极举措案例	占比	审计结果公告示例
积极引导社会力量扶贫	3	5.26	四川省苍溪县通过动员爱心企业和个人与贫困户结对、爱心人士直接认购原生态农产品进行"造血式"帮扶,在214个贫困村建立了"以购代捐"生产营销体系
积极推进教育扶贫	1	1.75	2016年起,四川省在大小凉山彝区实施"一村一幼"计划(一个建制村一个幼儿教学点),聚焦教育……
强化扶贫管理责任追究及整改	1	1.75	2016年4月,福建省出台《扶贫专项资金使用管理责任追究办法(试行)》,明确职责分工,对扶贫专项资金使用管理领域明确了……
总计	57	100.00	

另外,本书还收集了部分地方和部门关于扶贫政策审计的整改情况报告,如表8-11所示。从表中可以看出针对扶贫政策执行效果审计揭示的问题和提出的建议,相关地方和部门均制定整改措施逐条整改,有的还设计了防范措施以规避再次出现问题,即审计通过整改纠偏的方式发挥效用。

表8-11　部分地方和部门扶贫政策审计的整改效用

省份/部门	审计效用	审计整改的措施与效用(示例)	审计整改报告
广西壮族自治区百色市西林县人民政府	解决缓慢问题	针对施工缓慢的项目,西林县将重点督促县交通局加大工作力度,动员各施工方充分利用第四季度的施工黄金期加快项目建设进度,确保项目按时按质按量完成建设任务并投入使用	西林县2018年扶贫审计整改情况报告
开封市通许县人民政府	强化扶贫管理责任追究及整改	对存在偷工减料、虚假验收等工程建设管理问题进行认领,并实地查看寻找出现问题的原因。对发现问题一一进行责任落实,对发现工程质量方面问题及时进行整改,现已排查完毕,整改到位	通许县2019年扶贫审计整改情况报告

续表

省份/部门	审计效用	审计整改的措施与效用（示例）	审计整改报告
眉山市彭山区人民政府	积极推进民生扶贫	社会保障扶贫中发现至2018年10月，全区有53名低保残疾人应享受未享受困难残疾人生活费补贴，有8名一、二级残疾人应享受未享受重度残疾人护理补贴。相关部门和乡镇已整改……	眉山市彭山区人民政府关于2018年度审计查出突出问题整改情况的报告
德江县人民政府	统筹盘活扶贫资金	在资金筹集、管理使用方面，截至2018年3月，针对德江县2016年度的中央和省级财政扶持村级集体经济试点村补助资金未及时发挥效益的问题，德江县人民政府为以上资金使用单位制定明确的投资方案……	德江县人民政府关于2019年扶贫审计存在问题整改落实情况的报告
资溪县脱贫攻坚工作领导小组	积极推进产业扶贫	针对石峡乡大洋山白茶专业合作社贫困户实际务工时间短且收入微薄，未体现产业扶贫项目以生产促进增收作用的问题，要求县农业农村局、县扶贫办组织开展产业利益联结"回头看"……	关于落实2018年度扶贫审计发现问题整改的工作方案

第九章

政策执行效果审计的完善策略

第一节　政策执行效果审计的实践与不足

一　政策执行效果审计的总体情况

审计署自2015年5月起每月出具重大政策落实跟踪审计结果公告，2015年共出具了8份；2016年起每季度出具重大政策落实跟踪审计结果公告，每年4份；2015—2020年共出具了28份，如表9-1所示。同时，各地方审计机关也针对中央及地方重大政策的落实情况开展了审计。

表9-1　　　审计署政策落实跟踪审计结果公告的数量　　　单位：份

年份	审计署政策落实跟踪审计结果公告数量
2015	8
2016	4
2017	4
2018	4
2019	4
2020	4

第九章　政策执行效果审计的完善策略

续表

年份	审计署政策落实跟踪审计结果公告数量
合计	28

依据审计署出具的重大政策落实跟踪审计结果公告，统计主要审计的政策内容分布情况。总体的政策分布情况见表9-2。

表9-2　　政策落实跟踪审计的主要政策内容　　单位：%

审计的主要政策内容	平均占比
取消和下放行政审批事项、推进简政放权政策、减税降费政策	36.15
精准扶贫政策	18.01
重点项目推进	10.67
生态环境保护政策、节能环保产业发展政策	7.73
存量资金问题	6.64
"六稳"政策：稳金融、稳就业、稳外贸、稳外资、稳预期、稳投资	6.08
涉农政策	5.35
其他	9.37

从2015—2020年公布的审计结果来看，审计的政策内容主要集中在：取消和下放行政审批事项、推进简政放权政策、减税降费政策、精准扶贫政策、重点项目推进、生态环境保护政策、节能环保产业发展政策、存量资金问题、"六稳"政策：稳金融、稳就业、稳外贸、稳外资、稳预期、稳投资以及涉农政策等，这些政策问题约占90%。

基于2015—2020年审计署定期发布的国家重大政策跟踪审计结果公告、2015—2019年的地方政府年度审计工作报告以及同期政府工作报告，本书对政策执行效果审计开展的总体情况、内容分布情况及与政府工作经济重心关联情况进行了分析。总体来看：

（1）中央与地方的审计机关都重点关注了契合我国战略部署与经济工作重心的简政放权类、精准扶贫类、生态环保类和涉农类重大政策。深化"放管服"改革可更大发挥社会力量，脱贫攻坚是党中央全面建成小康社会的底线任务，生态文明建设是中华民族永续发展的根本大计，而解决好"三农"问题更是全党工作重中之重。从统计结果来看，审计署的审计结果公告和地方审计工作报告中对这四类政策的问题揭示占比均超过5%；同时，政策执行效果审计对此类政府工作重心政策的关注及时性强。政策执行效果审计能够对国家战略部署和经济工作任务起到保障与促进作用。

（2）经济增长"新常态"背景下，中央和地方审计机关都重点关注了重点项目推进、存量资金盘活与棚户区改造等稳增长相关政策。此类重大政策能够直接促进投资、保障增长。政策执行效果审计在2015—2016年揭示了此类政策的大量问题，随着审计监督整改效用的发挥，此类政策的问题逐年减少，在审计署的审计结果公告和地方审计工作报告中的问题揭示占比也呈现下降趋势。政策执行效果审计在保障经济稳增长方面发挥了重要作用。

（3）与地方审计机关相比，审计署更多关注具有生态效益的环保政策和具有社会效益的简政放权相关政策。同时，审计署对此类政策的关注度不断加强，审计结果公告中对此类政策的问题揭示占比也呈总体上升趋势。地方审计机关可能受到地方政府的影响，对具有长期效益而缺少短期效益的此类政策重视度不足。

（4）与地方审计机关相比，审计署能够更多关注重点项目推进与存量资金盘活等稳增长政策的问题。可能的原因是，重点项目较多由中央统筹管理，项目资金较多源于中央财政，或重点项目需要跨区域协调推进，因此，此类政策由中央审计机关开展审计。而大部分存量资金产生的根源是原有的"专款专用"制度，相较于地方审计机关，中央审计机关能够更好地从宏观统筹的视角出发，推进存量资金的统筹使用。

（5）地方审计机关能够发挥审计自主性，重点关注地方特色政策服务于地方政府及地方经济发展。地方特色政策主要由地方政府制定

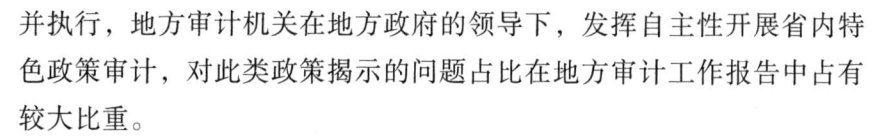

第九章 政策执行效果审计的完善策略

并执行,地方审计机关在地方政府的领导下,发挥自主性开展省内特色政策审计,对此类政策揭示的问题占比在地方审计工作报告中占有较大比重。

二 政策执行效果审计对象的情况

本书中,主要将政策执行效果审计的对象从三个角度进行划分:一是按政策流程划分,可分为政策执行过程、政策实施结果和政策措施本身;二是按政策执行主体机构划分,可以分为不同的政府部门、协会(委员会)、事业单位、公司企业等类型;三是按行政归属可以划分为31个省份、国家级系统等。本书选择了审计关注度高的环保政策、涉企审批政策、减税降费政策和扶贫政策作为典型进行具体分析,分析的主要结论如下。

(一)审计对象按政策流程划分

环保政策的审计对象按流程划分,被揭示问题最多的是"政策执行过程"与"政策实施结果",分别达到59.79%和34.39%;"政策措施本身"的问题只占3.17%。"政策执行过程"的问题主要属于"依托环保项目"的政策问题,进一步将环保项目划分为六个环节:调研准备与项目计划、上报、审批、资金筹集、推进环节与验收环节。其中审计揭示的问题主要分布在项目推进、项目验收、调研准备与项目计划环节,分别占55.15%、17.01%和15.98%。

扶贫政策的审计对象按流程划分,被揭示问题最多的是"政策执行过程",且主要是扶贫资金、扶贫项目等问题,占比达到84.52%。"政策实施结果"的问题揭示较少,占比约为14.09%;"政策措施本身"被审计揭示最少,占1.39%。

涉企审批和减税降费政策的审计,由于较少涉及政策资金的使用或政策项目的推进,所以不存在明显的政策"执行过程"与"实施结果"的划分,即一般表现为是否落实了该政策。因此,本书未对这两类政策的审计对象进行政策流程的划分。

(二)审计对象按政策执行主体划分

环保政策的审计对象按政策执行主体划分,并进一步区分国家级、省级、市级与县级等行政层级。经分析发现:审计揭示的问题,大部分（约2/3）没有明确执行主体（执行人）或责任人，可能的原因是环保政策涉及的执行主体众多，难以明确细化；审计揭示的问题较少涉及高层级的政府主体，且责任主体较笼统（如××政府）、责任判断更为宏观，主要涉及政策的部署与推进；较多涉及低层级的政府主体（市级、县级），且责任主体更具体、责任划分更清晰，主要涉及地方政府、国土资源局、城乡建设局、发展改革部门和城市管理局等部门。

涉企审批政策的审计对象按政策执行主体划分，其中被审计揭示最多的是政府部门，占比约为82.83%；然后是企事业单位，占比约为15.66%；协会及委员会占比较少。被审计揭示较多的政府部门主要包括城乡建设部门、市场监管部门、发展改革部门、资源管理部门（环境保护部门）和人民政府等。同时，审计对象进一步区分国家级、省级、市级与县级等行政层级，分析发现被揭示的问题主要集中在省级（直辖市/自治区）政府部门，占比约为56.06%。

减税降费政策的审计对象按政策执行主体划分涉及面广，政府部门具体对象约27类，事业单位约30类，企业约16类，协会（联合会）约59类。其中，政府部门和事业单位被审计揭示的问题占比最多，分别达到37.28%和33.62%，主要分布在资源管理（能源管理、水利）、城乡建设部门、交通运输（进出境监督）、农业管理（林业管理）、环境保护（环境管理）、市场监督管理等部门或单位。同时，审计对象按行政层级划分后，问题揭示主要分布在省级和市级，表明这两个层级是主要的减税降费政策执行主体。

扶贫政策的审计对象按政策执行主体划分，应当主要包括落实扶贫政策、使用扶贫资金和管理扶贫项目的相关部门与人员，但在实践中审计未能精准揭示具体的执行部门或单位，只笼统划分至不同层级的政府（省、市、县或乡）。县级行政区域作为审计对象，被审计机关揭示的问题最多，占比达到78.17%，可能由于脱贫对象主要以国家级贫困县为单位。

（三）审计对象按行政归属划分

环保政策的审计对象按行政归属划分，经分析发现：被审计揭示问题的地域集中度较高，前10个省份的问题数约占总数的60%。东北地区被揭示的问题最多，主要分布在辽宁省、吉林省和黑龙江省。

涉企审批政策的审计对象按行政归属划分，经分析发现省级区域的问题揭示明显高于其他层级，即审计重点关注了省级（直辖市、自治区）的涉企审批政策落实，或者说目前涉企审批的大量事项仍由省级相关部门执行，而市级或区（县）级的审批权限仍相对较少。

减税降费政策的审计对象按行政归属划分，经分析发现自2017年起审计揭示力度显著增强，政策执行问题可能与地方的经济发达程度及市场化程度相关，如北京、广东、江苏等地方的总体情况相对良好。

扶贫政策的审计对象按行政归属划分，经分析发现审计揭示问题较多的地方包括黑龙江省、四川省、重庆市、河北省、贵州省、云南省和广西壮族自治区，可能与地方贫困人口、贫困程度以及地方治理水平有关。

另外，由于涉企审批涉及微观企业，对不同行业产生较大影响，因此本书进一步将涉企审批政策的审计对象按照政策涉及的行业进行划分。分析发现被揭示的审计对象涉及17个相关行业，其中被审计揭示问题最多的前五大类行业有建筑业，制造业，水利、环境和公共设施管理业，房地产业和交通运输、仓储和邮政业，占比达到51.05%。表明这些行业受到行政审批的影响较大，审计关注度高。

三 政策执行效果审计内容的情况

政策执行效果审计的内容主要指重大政策执行和落实所包含的内容。

环保政策的审计内容按环保类型划分，可以分为水资源、大气、土壤、节能减排和综合五项。审计内容中"水"类别被揭示的问题最多，占比约为52%。进一步分析发现，五种类型的审计内容主要表现为政策项目的承载方式。将审计内容按政策性质可以划分为项目建设、专项资金、非项目类政策、项目建设与专项资金。其中，环保项目建设被审计揭示的问题最多,占比约为49%;非项目类政策审计内容被审计揭示的问题占比约为31%。

涉企审批政策主要涉及四个方面的政策内容:行政审批、政府采购、就业环境和项目审批。其中,"行政审批"被揭示的问题最多,占比约为68.48%。依据中央的政策条文和审计结果公告,从问题性质的角度进一步划分审计内容。行政审批方面的审计内容主要包括重塑审批流程、改革中介服务、清除前置条件、减少审批资料、减少审批事项、审批权限下放、信息透明、转变审批模式、压缩审批时限和事后监管等;政府采购方面的审计内容主要包括清除前置条件、改革中标规则、清除指定经营、信息透明等;项目审批方面的审计内容主要包括项目在线审批系统互联互通、减少审批时间、审批权限下放等;就业环境方面的审计内容主要包括减少资格认定、简化认证流程。其中,被揭示问题最多的是"重塑审批流程、改革中介服务、清除前置条件",占比约为39.67%。

减税降费政策的实施,从执行主体的角度可能表现为两个方面:一是是否收取了不应当收的税费;二是是否没有减降(退还)应减降(退还)的税费(保证金)。前者是人为主动发起的违规收费行为,后者主要是由于不作为而导致的未主动减降税费的行为,总体而言前者的行为更为恶劣。因此,本书在分析减税降费政策审计的内容时,首先划分为违规收费和减降税费两大类。

依据"违规收费"的性质和方式不同,划分为依托权力违规收费、开展业务违规收费、代行职能违规收费和私立名义违规收费。其中依托权力和私立名义违规收费属于显性违规,即主动有意违规类型;而代行职能和开展业务违规收费行为,具有一定的隐蔽性。"减降税费"可以进一步划分为未及时清退保证金、应减免未减免企业费用、转嫁费用、未按规定制订拖欠账款清偿计划、强制购买认证服务。其中,"违规收费"被揭示的问题占比高达64.23%,尤其是依托权力和私立名义的违规收费问题,分别占33.41%和12.50%。这两项违规收费属于直接主动的违规行为,比开展业务、代行职能的违规收费更为显性,性质也更为恶劣。表明我国目前依托权力主动违规收费的行为还比较严重。审计内容中极少涉及政策制定完善、政策体制机制问题等。

扶贫政策的审计内容按扶贫类别划分，以中央重大扶贫政策为依据，结合政策执行效果审计结果公告，可以划分为项目扶贫、资金扶贫和产业扶贫。进一步细化可以划分为 11 类：产业扶贫、兜底保障、健康扶贫、交通扶贫、教育扶贫、金融扶贫、就业扶贫、农村住房饮水安全保障、易地扶贫搬迁、其他扶贫项目和其他扶贫资金。其中，产业扶贫、其他扶贫项目、易地扶贫搬迁、农村住房饮水安全保障等被审计揭示的问题较多，占比约为 58.72%。

扶贫政策的审计内容按问题类型划分，可以划分为 10 类：项目建设或管理不合规、项目推进缓慢、项目闲置或效益不佳、项目虚假验收、政策惠及对象不合理、资金骗取套取、资金损失浪费、资金统筹不到位、资金违规使用和资金闲置。可以看出：审计内容仍主要围绕扶贫项目和扶贫资金展开，但与其他审计类型不同的是，还增加了对政策受益人的关注。其中，被审计揭示问题最多的是项目闲置或效益不佳、政策惠及对象不合理、项目建设或管理不合规、项目推进缓慢、资金违规使用，占比分别为 19.44%、16.27%、14.88%、12.30% 和 10.12%。可以看出，项目和资金的不合规问题仍然是主要问题，同时项目效益、政策受益人和项目进度方面也受到审计的重点关注，即开展了较多绩效评估的内容。

四 政策执行效果审计评价的情况

对政策的执行及其效果进行审计评价是政策执行效果审计的重要目标。本书已在第五章至第八章重点分析了实践中审计机关针对环保政策、涉企审批政策、减税降费政策和扶贫政策开展审计评价的情况，具体包括评价指标与评价标准的运用。本书结合理论的审计评价体系（见表 9-3，与表 3-5 一致）[1]，从政策执行过程、政策实施结果和政策措施本身三个方面进行总结。

---

① 详见第三章的内容。

表 9-3　　　　　　政策执行效果审计评价指标体系

目标层	准则层（一级指标）	方案层（二级指标）	审计评价标准
政策执行效果审计评价	政策执行过程	执行机制：反馈机制、保障机制、问责机制、纠偏机制以及监控机制等政策保障实施的机制	适当性
			可操作性
		政策制定与执行主体	执行力
		政策享用与惠及群体	政策回应度
		公共资源配置与资金管理	合法性、及时性、效果性
		政策性项目与资金管理	合法性、及时性、效果性
		政策落实过程管理	合法性、及时性、效果性
	政策实施结果	政策实施的结果	完成度、经济性、效率性、效果性
	政策措施本身	政策措施制定的反馈评估	充分性、公平性、适当性

（一）政策执行过程的审计评价

环保政策审计较少对政策执行机制做评价：仅评价了少量政策保障与监控机制的适当性与可操作性，未对政策执行的反馈机制、问责机制与纠偏机制进行审计评价。主要对政策执行过程的政策性资金（项目）管理与政策落实过程管理进行了审计评价，其中更多关注了资金使用与项目进展的及时性，以及项目资金管理使用的合法合规性，而对效果性关注少。未对政策制定与执行主体、政策享用与惠及群体、公共资源配置与资金管理进行审计评价。

涉企审批政策审计针对政策执行过程的评价占比达到97.22%，其中极少对政策执行机制做评价，仅涉及极少量的监控机制评价；主要对政策落实过程进行审计评价，且合法合规性的评价最多，占比达到80%，较少评价及时性，没有评价效果性；只有很少部分涉及政策执行主体、政策享用与惠及群体的评价。且针对政策执行主体是评价其是否符合政策要求，而不是评价其是否具有执行力；针对政策享用与惠及群体是评价其是否在政策范围内，而不是评价其政策回应度。

第九章 政策执行效果审计的完善策略

未对公共资源配置与资金管理、政策性项目与资金管理进行审计评价。

减税降费政策审计极少对政策执行机制做评价，只涉及极少的保障和监控机制评价；主要对政策落实过程管理的合法合规性和及时性进行评价，其中合法合规性评价最多，占比达到68.53%，没有涉及效果性评价。未对政策制定与执行主体、政策享用与惠及群体、公共资源配置与资金管理、政策性项目与资金管理进行审计评价。

扶贫政策审计相较于其他政策审计，针对政策执行机制进行了较多评价，包括前期调研准备环节、审批环节、推进环节的反馈机制、监控机制和问责机制等。进一步探析了问题产生的根源，揭示政策执行机制方面的原因。涉及最多的评价指标包括政策性项目与资金管理、政策落实过程管理，分别占30.75%和27.58%，评价标准涉及最多的是合法合规性和及时性，较少涉及效果性评价。较多涉及政策享用与惠及群体的评价指标，占比约为14.15%，但其评价标准为是否符合政策要求，而不是评价其政策回应度；极少有针对公共资源配置与资金管理的评价。未对政策制定与执行主体进行审计评价。

（二）政策实施结果的审计评价

环保政策审计较少对政策实施结果的效率性和效果性进行评价；在实践中增加了政策实施"完成度"的评价，即评价项目或政策是否完成，通过评价政策是否完成，进而促进政策（项目）的推进。

涉企审批政策审计只有极少量对政策实施结果的效果性进行评价。

减税降费政策审计基本没有对政策实施结果的绩效进行评价，而增加了较多的政策实施"完成度"评价。

扶贫政策审计对政策实施结果的经济性、效果性和政策实施"完成度"进行了评价，其中效果性的评价较多，经济性和"完成度"的评价较少，没有评价效率性。扶贫政策审计相较于其他政策审计，较多关注了政策效果性的评价。

（三）政策措施本身的审计评价

环保政策审计较少涉及对政策措施本身的评价，只有很少量针对政策制定科学性和协调性的评价。

涉企审批政策审计与减税降费政策审计基本没有对政策措施本身进行评价。

扶贫政策审计较少涉及对政策措施本身的评价，只有很少量的针对扶贫政策科学性和协调性的评价。

五　政策执行效果审计效用发挥的情况

（一）政策执行效果审计的整体效用发挥情况

本书收集审计署 2015—2020 年公布的审计工作报告，整理报告中"政策措施落实跟踪审计情况"的内容，其整体效用发挥情况如表 9-4 所示。

表 9-4　　　　　政策执行效果审计的整体效用发挥情况

项目	2015年	2016年	2017年	2018年
审计项目（个）	5510	4491	9252	10721
抽查单位（个）	5286	3863	5420	6584
反映问题（个）	3260	2391	3446	—
问题金额（亿元）	—	—	14606.85	16853.63
推动新开（完）工或加快进度项目（个）	18862	—	5789	4000
落实、收回和统筹盘活资金（亿元）	1876.35	667.71	506.59	200.00
取消、合并和下放行政审批、职业资格（个）	375	315	—	400
停止或取消收费（个）	111	239	—	—
促进减少或清退收费（亿元）	—	—	122.08	9.00
促进完善制度措施（个）	50	812	1076	1500
处理处分人数（个）	2228	4113	2514	1500

注：2019 年、2020 年审计署审计工作报告中缺失相关数据。

从表 9-4 可以看出，政策执行效果审计的审计范围（审计项目）、审计对象（抽查单位）在逐年增加。审计揭示了政策执行中的大量问题及金额，具体在重大项目推进、存量资金盘活、简政放权（行政审

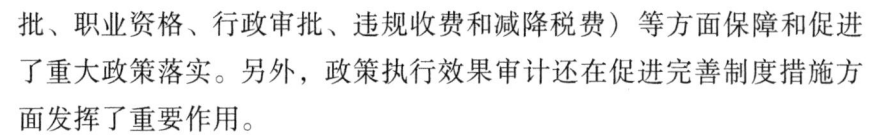

批、职业资格、行政审批、违规收费和减降税费）等方面保障和促进了重大政策落实。另外，政策执行效果审计还在促进完善制度措施方面发挥了重要作用。

（二）四项政策审计的揭示纠偏效用情况

前文已收集整改效果较好的案例、积极举措案例，分别对实践中四项政策审计的揭示纠偏效用进行了分析。

环保政策审计通过揭示和纠偏发挥的效用主要表现为三个方面：事先预防、事中改善和事后治理。事先预防主要指预防环境污染或事先做好环境防护工作，如强化污染源头管控和推动防治防护工作；事中改善主要指积极改善和推进正在进行的环境保护工作，如推进相关环保项目和推进环保政策落实；事后治理主要指针对已经发生的环境污染事项进行整治，如拆除违规违建设施和进行专项问题整治。

涉企审批政策审计通过揭示和纠偏发挥的效用主要表现为：促进政策落实、完善政策制定和加强事中事后监督。其中促进政策落实主要包括：简化行政审批流程，减轻企业负担；促进取消、下放或整合行政审批事项；促进取消部分职业资格证书；规范招标和政府采购的条款；促进线上审批平台的建设；促进规范中介服务改革；规范项目审批流程和时限要求；促进审批按时限完成。完善政策制定主要包括制定出台和完善相关规章制度、发布指导性文件。

减税降费政策审计通过揭示和纠偏发挥的效用主要表现为创新工作方法推动政策落实、纠正违规收费行为、降低企业成本。其中，纠正违规收费行为主要包括停止违规收费行为、退还违规收费款项、清退建设领域保证金。降低企业成本主要包括降低企业经营成本、及时退还应退（减）未退（减）企业税款，解决长期占压企业资金问题、清偿拖欠民营企业账款。

扶贫政策审计通过揭示和纠偏发挥的效用主要表现为三个方面：强化扶贫管理责任追究及整改、统筹盘活扶贫资金、积极推进民生扶贫。审计整改纠偏效用的发挥与审计揭示的合法合规、及时性（资金闲置）等问题对应。扶贫政策审计的效用还包括积极推进产业扶贫、积极推进健康扶贫、积极推进教育扶贫、解决缓慢问题、积极推进金融扶贫、提高扶贫精准度等。

第二节 政策执行效果审计的完善策略构建

政策执行效果审计是一种新型的绩效审计模式，对于发挥国家审计的宏观管理职能，促进国家良治有着至关重要的作用。本书致力于探索政策审计中特有的重点、难点问题，进而针对性完善政策执行效果审计，达到真正提升其效果和效率的目的。前文从审计对象、审计内容、审计评价和审计效用发挥四个维度，分别对环保政策审计、涉企审批政策审计、减税降费政策审计和扶贫政策审计的实践进行了分析，提炼了实践中政策执行效果审计的一些好经验及不足。理论指导实践，而实践促进理论发展，本书将理论与实践结合、在吸收成功经验的同时改善不足，分别从政策评价、政策关系人、政策类型及经济体检四个视角，构建政策执行效果审计的完善策略。

一 基于政策评价视角的审计完善策略

（一）完善目标

对政策的执行及效果做审计评价是政策执行效果审计的重要目标。本书在理论上构建了政策执行效果审计的评价指标体系，理论用于指导实践，实践可以反向促进理论的发展。因此，基于政策评价视角的审计完善目标是以理论构建的评价指标体系为指引，充分考虑实践需要，完善政策执行效果审计。

（二）完善路径

本书以理论评价指标与评价标准为基准，对2015—2020年的审计实践进行分析，针对实践中存在的不足提出相应的完善建议。

1. 完善政策执行过程的审计评价

从理论上构建的审计评价体系来看，政策执行过程的评价指标主要包括六个：政策执行机制、政策制定与执行主体、政策享用与惠及群体、公共资源配置与资金管理、政策性项目与资金管理、政策落实过程管理。其中，政策执行机制包括反馈机制、保障机制、问责机制、纠偏机制和监控机制。

实践中的政策执行效果审计主要针对政策执行过程进行了审计评价。

针对"政策执行机制"指标，仅有少量的审计评价。环保政策审计仅评价了少量政策保障与监控机制；涉企审批政策审计仅涉及极少量监控机制；减税降费政策审计仅涉及极少的保障和监控机制评价；扶贫政策审计相较于其他政策审计，针对政策执行机制的评价相对较多，包括前期调研准备环节、审批环节、推进环节的反馈机制、监控机制和问责机制等。

针对"政策制定与执行主体"指标，涉企审批政策审计有少量涉及，且其评价标准是"是否符合政策要求"，而不是评价"执行力"；环保、减税降费与扶贫政策的审计评价均未涉及。

针对"政策享用与惠及群体"指标，涉企审批政策审计有很少部分涉及，扶贫政策审计有较多涉及，但其评价标准是"是否符合政策要求"，而不是评价"政策回应度"；环保政策和减税降费政策审计均未涉及。

针对"公共资源配置与资金管理"指标，只有扶贫政策审计有极少的评价。环保、涉企审批和减税降费政策审计均未涉及。

针对"政策性项目与资金管理"指标，环保政策审计和扶贫政策审计进行了较多评价，评价标准主要是及时性和合法合规性，较少涉及效果性评价。涉企审批和减税降费政策审计未涉及。

针对"政策落实过程管理"指标，环保、涉企审批、减税降费和扶贫政策审计均进行了较多评价，评价标准主要是及时性和合法合规性，较少涉及效果性评价。

因此，完善政策执行过程的审计评价应当：①增加关注"政策执行机制"评价指标，进行"适当性和可操作性"评价。②增加关注"政策制定与执行主体"评价指标，进行"执行力"评价。③增加关注"政策享用与惠及群体"评价指标，进行"政策回应度"评价。④增加关注"公共资源配置与资金管理"评价指标，进行"合法性、及时性、效果性"评价。⑤持续关注"政策性项目与资金管理、政策落实过程管理"评价指标，并在"及时性和合法合规性"的基础上，增加"效果性"评价。

与其他政策审计相比，扶贫政策审计在实践中关注了较多的"政策执行机制"和"政策享用与惠及群体"，应继续完善推广。

2. 完善政策实施结果的审计评价

实践中的政策执行效果审计较少对政策实施结果的经济性、效率性和效果性进行评价。其中，扶贫政策审计相较于其他政策审计，较多关注了政策实施结果的效果性评价，可能的原因是扶贫政策的实施效果较为明显，容易判断。另外，实践中增加了较多对政策实施"完成度"的评价，即评价该政策是否完成落实。

因此，完善政策实施结果的审计评价应当：

（1）增加政策实施结果的绩效评价，包括"经济性、效率性和效果性"评价。

（2）持续开展政策实施结果的"完成度"评价，促进政策落实。理论构建的政策审计评价体系主要以绩效评价为核心，一般是基于政策完成后的评价。但实践中的政策执行效果审计是一种跟踪审计，可能对处于实施过程中的政策进行评价，因此有必要增加"完成度"评价①。

同时建议重大政策在制定发布时，增加细化、量化的指标要求，进而作为政策审计的依据进行相关的绩效审计。

3. 完善政策措施本身的审计评价

实践中的政策执行效果审计极少评价政策措施本身，只有很少的针对政策制定科学性和协调性的评价。

因此，完善政策措施本身的审计评价应当：

（1）增加关注"政策措施本身"评价指标，包括"充分性、公

---

① 某些政策可能没有明确要求截止期限，较难判断属于政策执行过程还是政策实施结果。一般"未按规定……""未完成""未落实"等问题可归集为政策实施结果的"完成度"；如果按项目期限或流程要求"未及时……"问题，可以归集为政策执行过程的"及时性"评价。

平性和适当性"评价。实践中少量的审计评价关注政策制定的科学性和协调性，更多地从是否有利于政策实施的角度展开。政策执行效果审计的本质是"绩效审计"，从政策绩效的角度出发，应增加完善政策本身的"充分性、公平性和适当性"评价。

(2) 增加政策措施制定的"反馈评估"。审计揭示的问题，包括体制机制问题、政策受益群体的回应度情况、绩效问题等，这些问题很大程度上可以通过进一步完善细化"政策措施本身"来解决。实践中，在效用发挥方面，审计能够促进政策执行主体出台和完善相关规章制度、发布指导性文件。因此，审计机关应当对政策制定进行"反馈评估"，为政策制定提供针对性审计建议，促进政策完善。

二 基于政策关系人视角的审计完善策略

(一) 完善目标

从政策执行效果审计的实践分析评价可以看出，政策审计的对象涉及面广，重大政策的制定与落实涉及多方关系人。政策执行效果审计的目标是保障和促进政策执行主体的公共受托经济责任全面有效履行。因此，基于政策关系人视角的审计完善目标：从政策关系人的视角开展审计，厘清重大政策落实的责任人及其责任，从政策受益人的政策回应度角度评价政策执行与结果，准确揭示问题和评价效果，进而促进政策有效落实。

(二) 完善路径

1. 基于责任人视角的审计完善

本书在进行审计实践分析时，将审计对象按政策执行主体进行划分，发现环保政策审计和扶贫政策审计揭示的问题，没有明确其责任人，即没有精准揭示具体的执行部门或单位，只笼统划分至不同层级的政府（省、市、县或乡）。涉企审批和减税降费政策审计能够细化到具体的政策执行部门和单位，判断具体责任人。可能的原因是环保政策和扶贫政策的执行落实涉及多个部门，需要多个主体配合，当政策执行出现问题时，不容易判断具体责任人。

另外，环保政策审计揭示的问题责任人较少涉及高层级的政府主体，且责任判断更为宏观，如政策的部署与推进，较多涉及低层级的政府主体（市级、县级），且责任人更具体、责任界定更微观；扶贫政策审计揭示的问题责任人也主要涉及县级政府或行政部门；涉企审批和减税降费政策审计揭示的问题主要集中在省级或市级的政府部门。可以看出，重大政策一般由中央制定发布后在全国实施，不同层级的政策执行主体责任定位不同，审计评价时应区别判断。

政策制定与执行主体是政策落实的重要关系人，也是政策落实的责任人，是审计揭示问题与问责的对象，应当被重点关注。因此，从政策制定与执行主体的角度出发，完善政策执行效果审计应当：

（1）探索开展责任清单导向审计，明确审计揭示问题的具体责任主体（责任人），进而准确定责或提出审计建议，促进政策落实。

（2）审计判断时注意区分不同层级政策执行主体的责任，区分不同政策对各层级主体的不同要求。

（3）评价政策制定与执行主体的执行力，进而从责任人能力的视角分析政策执行问题的可能原因，促进政策落实。

其中，探索开展责任清单导向审计，本书以扶贫政策审计中的财政扶贫专项资金审计为例，首先依据《财政专项扶贫资金管理细则》绘制财政专项扶贫资金管理流程（见图9-1），明确政策流程，并明确每个流程对应的责任人和责任清单。再以流程和责任清单为依据，开展政策执行效果审计。

从图9-1的流程可以看出，总体流程清晰，能够对应到责任人与责任清单。但同时，本书发现责任人中的"相关主管部门"，笼统包括了县扶贫、发展改革、民宗、林业等相关主管部门，仍需要进一步细化并对应其责任清单。如具体到某个主管部门，再确定其扶贫资金使用或扶贫项目推进的流程，并对应具体的责任人及责任清单。

审计机关进一步依据政策流程及责任人责任清单，评估政策执行的风险，确定关键控制点，获取对应的政策执行痕迹（单据或资料），选择恰当的评价指标和评价标准进行审计判断，进而揭示政策落实存在的问题，并对政策执行和结果进行审计评价。

第九章　政策执行效果审计的完善策略

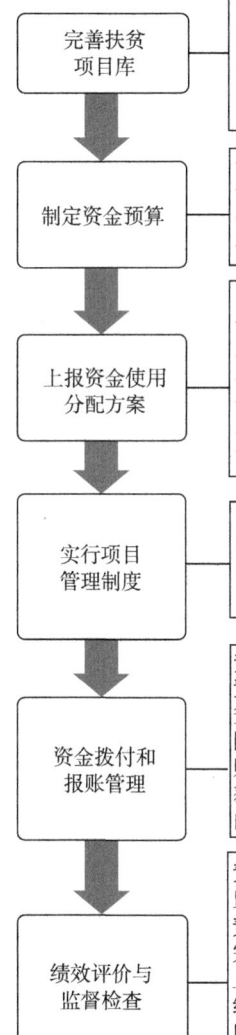

完善扶贫项目库	**责任部门**：县扶贫办、县级相关主管部门 **责任清单**：县扶贫办会同县级相关主管部门按照工作部署以及财政扶贫资金有关管理办法和制度规定，调整完善脱贫攻坚规划，完善扶贫项目库建设，细化入库项目信息，优化项目库结构，并建立动态管理机制
制定资金预算	**责任部门**：县级财政部门 **责任清单**：县财政根据脱贫攻坚任务需要和财力情况，在县本级年度预算中安排财政专项扶贫资金，增列的专项扶贫资金预算不低于当年一般公共预算收入增量的20%
上报资金使用分配方案	**责任部门**：县级相关主管部门 **责任清单**：对下达的财政专项扶贫资金，县级财政部门应当会同相关主管部门在本级人大批复预算或收到资金下达文件后20日内拟定资金使用分配方案，确定扶持的具体对象、项目、金额并编制项目绩效目标及每一批次扶贫资金项目计划，报县扶贫开发领导小组审批后执行，切实加快执行进度。方案需及时报自治区、市相关主管部门和财政部门备案
实行项目管理制度	**责任部门**：县扶贫办、县级财政部门 **责任清单**：县级扶贫部门应当会同财政等部门按照项目管理要求完善项目实施管理制度，做到资金到项目、管理到项目、核算到项目、责任到项目
资金拨付和报账管理	**责任部门**：县级财政部门 **责任清单**：①财政专项扶贫资金拨付原则上实行国库集中支付，扶贫项目实施单位依据项目实施计划和施工进度，提出支付申请并附相关证明材料，由相关县级主管部门审核出具意见后，向县级财政部门申请拨付资金。②待资金到位后，由县财政局根据实际获得资金直接按项目顺序依次拨付预算指标，相关乡镇、主管部门及时组织实施，不再重复报批
绩效评价与监督检查	**责任部门**：县级财政部门，相关县级主管部门，审计、纪检、监察部门 **责任清单**：①财政部门根据财政专项扶贫资金绩效评价管理办法，完善评价指标体系，相关主管部门根据相关制度和绩效指标，对上一年度财政专项扶贫资金使用管理情况组织开展绩效评价。县级财政及相关主管部门应当按规定组织开展自评，并及时向自治区相关主管部门报送自评报告。②财政部门和相关主管部门要加强对财政专项扶贫资金和项目的监督检查，配合审计、纪检、监察部门做好资金和项目的审计、检查等工作

图 9-1　财政专项扶贫资金管理流程

注：①县财政专项扶贫资金，包括上级下达到县的财政专项扶贫资金预算指标，以及县本级部门预算的财政专项扶贫资金，统筹用于扶贫开发的盘活存量资金。②县级相关主管部门包括县扶贫、发展改革、民宗、林业等相关主管部门。

资料来源：http://www.gxzp.gov.cn/zwgk/jcxxgg/wjzl/bjwj/t4071634.shtml。

2. 基于政策受益人的审计完善

实践中，只有扶贫政策审计较多关注"政策享用与惠及群体"，但只是关注扶贫政策的受惠者"是否符合政策要求"，如是否满足"贫困户"的界定而享受了帮扶待遇。

"政策享用与惠及群体"是政策的直接受益人，能够评价政策运行在多大程度上符合其需要、偏好或价值观念。政策执行效果审计的本质是"绩效审计"，因此，通过"政策享用与惠及群体"的"政策回应度"评价，能够较好地评价该项政策的制定与执行绩效。

因此，从政策受益者的角度出发，完善政策执行效果审计应当：审计调查"政策享用与惠及群体"，获取其"政策回应度"，即受益人对政策运行过程与结果的评价，作为该政策审计的评价内容。

三 基于政策类型视角的审计完善策略

2013年下半年起，中共中央、国务院出台了一系列稳增长、促改革、调结构、惠民生的重大政策措施。这一系列的重大政策涉及面广、政策条文多、政策内容复杂，政策执行效果审计应当根据不同类型政策的特点区别判断，在选择评价指标和评价标准时有所偏重。

（一）完善目标

从前文分析的审计实践来看，政策类型可以按照是否依托项目或资金、是否对政策受益人产生直接效益、中央政策条文的详略程度进行划分。

基于政策类型视角的审计完善目标：充分考虑重大政策的类型与特点，选择针对性更强的审计评价指标和评价标准，揭示政策制定与执行的重点问题，进而促进重大政策有效落实。

（二）完善路径

1. 区分是否依托项目（资金）类政策的审计完善

实践分析发现，环保和扶贫两项政策主要依托项目和资金来落实，其审计揭示问题最多的是"政策性项目与资金管理"，如环保项目及其资金管理使用、扶贫项目及其资金管理使用问题。而涉企审批和减税降费两项政策不涉及项目与财政资金使用，其审计揭示的问题主要集中在"政策落实过程管理"；且该类政策不存在明显的"执行过程"与"实施结果"划分，审计针对是否落实该政策进行了"完成度"评价。因此，区分是否依托项目（资金）类政策的审计完善应当：

（1）针对依托项目（资金）类的政策审计，继续加强对"政策性项目与资金管理"的问题揭示，并在"合法性、及时性"评价的基础上，增加"效果性"评价；同时增加"公共资源配置与资金管理"评价指标。

（2）针对非项目（资金）类的政策审计，继续加强对"政策落实过程管理"的问题揭示，并在"合法性、及时性"评价的基础上，增加"效果性"评价；同时增加"政策实施结果"的"完成度"评价。

2. 区分是否对受益人产生直接效益类政策的审计完善

实践分析发现，环保政策包含较多环保项目，其产生的效益具有间接性和长期性特征；而涉企审批、减税降费和扶贫政策能够对政策受益人产生直接效益，即直接作用于受益群体，审计机关通过获取受益人的"政策回应度"，能够较好地评价该项政策的制定与执行绩效。

因此，审计机关应区分是否对受益人产生直接效益的政策，并偏重选择"政策享用与惠及群体"评价指标，进行"政策回应度"评价。

3. 区分是否政策条文详细具体类政策的审计完善

实践中，审计机关在进行问题揭示和评价时，将中央发布的重大政策条文作为重要依据。经分析发现，当重大政策的条文内容越详尽越细化时，审计机关以此政策为审计依据或标准进行判断，进而揭示的政策问题和内容就越多，且揭示的问题越具体，定责越清晰。

因此，审计机关应区分政策是否属于条文详细具体类，若中央发布的重大政策属于宏观指导性强，尚需执行主体进一步制定细则和方案的，应首先评价审计对象细化政策的情况，再依据细化条文评价政策的具体落实情况。

四 基于经济体检视角的审计完善策略

习近平总书记指出，审计要作为"经济体检"常态化。要求审计发挥"查病、治已病、防未病"的作用，既要敢于和善于发现问题，更要积极推动解决问题，促进完善体制机制，要积极推动有关单位建立审计查出问题整改长效机制，督促有关部门对体制机制性问题加以研究，推进深化改革，发挥审计建设性作用。

（一）完善目标

政策执行效果审计在本质上是绩效审计的一种新型模式，在审计实践中受到高度重视。中央审计委员会第一次会议明确指出加大该审计力度，并在《"十四五"国家审计工作发展规划》中做重点部署安排，要求确保党中央重大政策措施部署到哪里，审计监督就跟进到哪里。

依据总书记的最新指示，基于经济体检视角的完善目标：使政策执行效果审计成为"经济体检"常态化的核心力量，发挥"查病、治已病、防未病"的重要作用。

（二）完善路径

1. 发挥"查病"作用的审计完善

从审计实践来看，政策执行效果审计的绝大部分工作在"查病"，但仍存在较多审查揭示不足的地方，如明确责任人、揭示公共资源配置问题、揭示政策执行与结果的绩效问题。

因此，发挥"查病"作用的审计完善应当：①充分发挥政策执行效果审计的揭示功能，并明确问题责任人，准确定责；②增加或强化对"公共资源配置与资金管理、政策性项目与资金管理、政策落实过程管理"的问题揭示；③增加对政策执行过程及结果的"经济性、效率性和效果性"问题揭示。

2. 发挥"治已病"作用的审计完善

从审计实践来看，政策执行效果审计通过对揭示问题的纠偏，通过促进揭示问题的整改，可以发挥"治已病"的作用，但如何从问题根源上发挥治病作用仍存在不足，如审计分析政策的体制机制问题等。

实践中，在效用发挥方面，审计促进了政策执行主体出台和完善相关规章制度、发布指导性文件，发挥"治已病"作用；在揭示政策的体制机制问题方面，只有扶贫政策审计关注的相对较多，从根源上"治病"。另外，减税降费政策审计揭示了较多的违规收费问题，尤其是依托权力和私立名义的违规收费，实质是权力滥用问题，如何从根源上解决该问题？其背后的体制机制问题是什么？是否可以联合经济责任审计，或联合党内监督？

因此，发挥"治已病"作用的审计完善应当：在揭示政策执行问题的基础上，深入分析政策背后的体制机制问题，促进相关制度的完善，进而从根源上"治病"。

3. 发挥"防未病"作用的审计完善

目前实践中的审计工作主要围绕揭示问题、纠偏问题、促进问题整改、针对揭示问题提审计建议、促进政策完善等方面展开，主要体现为"查病"和"治已病"。实践中的政策执行效果审计在发挥"防未病"方面还存在较大不足。比如，审计揭示的涉企审批政策问题主要集中在省级，较少涉及具体的市或区（县），原因还可能是大量涉企审批的事项仍由省级相关部门执行，市或区（县）的审批权限仍相对少。除了揭示单项涉企审批的具体问题，审计还应从更宏观的视角分析，关注和预防"简政放权"中的放权问题，发挥"防未病"作用。另外，减税降费审计发现较多的依托权力违规收费显性问题，而应减免未减免、转嫁费用等隐性问题发现较少。审计机关应当从更长远的视角分析，预防权力违规从显性向隐性转移，预防变换方式的权力违规，发挥"防未病"作用。

因此，发挥"防未病"作用的审计完善应当：在揭示与分析问题的基础上，从更宏观、更长远的视角出发，预防"已病"背后的"未病"，保障和促进重大政策措施有效落实。

第十章

研究结论

我国面临国际形势严峻、国内经济增长率下降的重大压力。2013年下半年，中共中央、国务院围绕稳增长、促改革、调结构、惠民生出台了一系列政策措施。但是，行政权本身的"自我制约"能力不足，政策执行中的信息不对称、"中阻梗"等问题，严重影响政策实施效果，亟须借助独立第三方进行监督制约。2014年《国务院关于加强审计工作的意见》，要求审计发挥促进国家重大决策落实的保障作用，审计机关于2015年起在全国范围内全面开展该项审计工作。2018年中央审计委员会第一次会议明确指出加大该审计力度，并在《"十四五"国家审计工作发展规划》中重点部署安排。2022年党的二十大报告要求完善党的自我革命制度规范体系。这就要求审计监督应当成为党的监督体系的重要组成部分，与党内监督有效贯通和协调，形成"统一领导、全面覆盖、权威高效的监督体系"。习近平总书记进一步在二十届中央审计委员会第一次会议上强调，"更好发挥审计在推进党的自我革命中的独特作用"。

党和国家高度重视政策执行效果审计，同时审计实践的发展也对审计理论的研究提出了强烈需求。本书从新公共管理理论、国家治理理论出发，基于公共受托经济责任观和信息经济学理论，对政策执行效果审计的理论与实践进行研究，并提出针对性完善策略。

第十章 研究结论

第一节 政策执行效果审计的基础理论与应用理论

从新公共管理理论、国家治理理论出发,基于公共受托经济责任观和信息理论,探讨政策执行效果审计的概念与内涵、审计目标、审计内容、审计本质。进一步在应用理论层面构建政策执行效果审计评价指标体系。基于史密斯的政策执行过程理论,认识政策执行偏差主要因素的基础上探讨政策执行效果审计的风险评估与审计流程。探讨政策执行效果审计的结果报告内容和报告形式。指出政策执行效果审计的结果报告应当由标准化内容和详细内容构成;对政策执行效果审计的结果报告形式应当进行规范,包括报告的编写规范和发布规范。

其中,基于政策科学理论及已有政策评估的研究成果,借鉴权威的政策评价标准,结合政策执行效果审计的特点、评价模式及评价指标,本书采用层次分析法构建理论上的政策执行效果审计评价指标体系。

政策执行效果审计评价指标体系的准则层分为三个部分:政策执行过程、政策实施结果和政策措施本身。其中,政策执行过程包括六个方面的指标:政策执行机制(审计评价标准有适当性和可操作性)、政策制定与执行主体(审计评价标准为执行力)、政策享用与惠及群体(审计评价标准为政策回应度)、公共资源配置与资金管理、政策性项目与资金管理和政策落实过程管理(后三个方面的审计评价标准分别有合法性、及时性和效果性)。政策实施结果的审计评价标准有经济性、效率性和效果性。政策措施本身的审计评价标准有充分性、公平性和适当性。

第二节 政策执行效果审计实践的总体情况

本书研究了实践中中央和地方审计机关开展政策执行效果审计的

总体情况、主要政策审计内容分布情况以及与政府经济工作重心的关联情况。基于2015—2020年审计署定期公告的所有国家重大政策跟踪审计结果公告、2015—2019年的地方政府年度审计工作报告，[①] 依据国务院办公厅于2014年8月发布的《国务院办公厅关于印发稳增长促改革调结构惠民生政策措施落实情况跟踪审计工作方案的通知》将审计内容划分为18大项主要的政策，进而分析这些政策被审计关注的情况。研究发现：

①中央与地方的审计机关都重点关注了契合我国战略部署与经济工作重心的简政放权类、精准扶贫类、生态环保类和涉农类重大政策；在经济增长"新常态"背景下，中央和地方审计机关都重点关注了重点项目推进、存量资金盘活与棚户区改造等稳增长相关政策。②与地方审计机关相比，审计署更多关注具有生态效益的环保政策、具有社会效益的简政放权相关政策以及重点项目推进与存量资金盘活等稳增长政策。③地方审计机关能够发挥审计自主性，重点关注地方特色政策服务于地方政府及地方经济发展。④政策执行效果审计内容与政府经济工作重心具有高度一致性。

第三节　四项重大政策执行效果审计的实践情况

本书以政策执行效果审计理论评价体系为基础，选择四项重要政策审计领域，探析我国政策执行效果审计的实施实践，分析审计对象、审计内容、审计评价与审计效用等要素特征。具体选择受关注度高的四项重大经济政策审计作为研究对象，包括环保政策审计、涉企审批政策审计、减税降费政策审计和扶贫政策审计。分析发现：

第一，各项具体的政策审计均重点关注政策执行过程，尤其是政策性项目与资金管理、政策落实过程管理；较少关注政策实施结果；

---

① 2020年的地方政府年度审计工作报告截至本书定稿，尚未全部公布。

第十章 研究结论

很少关注政策措施本身。

第二，具体的审计评价中，均重点关注合法合规性、及时性和完成度（未完成）；部分关注到政策执行机制问题、政策性项目与资金管理或政策结果的效果性问题、政策享用与惠及群体合理性问题；极少涉及对政策执行主体的执行力评价，政策享用与惠及群体的政策回应度评价，公共资源配置的合法性、及时性与效果性评价，政策实施完成结果的经济性与效率性评价，政策措施制定的充分性、公平性与适当性评价。

第三，将审计对象按政策执行主体进行划分，发现环保政策审计和扶贫政策审计揭示的问题，没有明确其责任人，即没有精准揭示具体的执行部门或单位，只笼统划分至不同层级的政府。

第四，不同政策在实施时，不同层级的政策执行主体责任定位不同。环保和扶贫政策审计揭示的问题责任人主要涉及县级政府或行政部门；涉企审批和减税降费政策审计揭示的问题主要集中在省级或市级的政府部门。

第五，审计机关在使用政策条文作为评价标准时，使用了较多内容更细化、指标量化程度更高的政策，且对应揭示评价的问题也更具体详细。反之，条文未细化、没有量化指标的政策，审计对应揭示的问题少。

第六，从审计效用发挥来看，整改主要是就问题改问题，没有从制度优化、流程控制等角度进行完善；并且审计公告中披露的整改情况并未与前期揭示情况对应，未能体现连续性跟踪监督，透明性不足。

第七，审计结果公告中对审计内容和审计问题的分类披露，存在归类划分不明确、不统一的情况。如相似内容在部分公告中归类为易地扶贫搬迁，在其他公告中列示为项目推进缓慢的内容，两者的内容描述存在重合与交叉，可能影响整体报告的可读性。

第八，分析审计揭示问题的规律，可以启发和促进审计的进一步深化。例如：涉企审批和减税降费政策审计揭示的问题主要集中在省级或市级，除了其问题本身，是否还表明可能存在"审批权限未充分下放"的问题。可能涉企审批权限尚未按规定下放，才导致审计未能发现更低层级的审批问题。例如：减税降费审计发现较多的依托权力违规收费显性问题，而应减免未减免、转嫁费用等隐性问题发现较少。是否还表明审计对隐性的违规问题关注不足，需进一步深化。

第四节　政策执行效果审计的完善策略

本书基于理论与实践的分析，从政策评价视角、政策关系人视角、政策类型视角和经济体检视角提出了政策执行效果审计的完善策略。

第一，基于政策评价视角的审计完善策略。

一是完善政策执行过程的审计评价，应增加关注"政策执行机制"评价指标，进行"适当性和可操作性"评价；增加关注"政策制定与执行主体"评价指标，进行"执行力"评价；增加关注"政策享用与惠及群体"评价指标，进行"政策回应度"评价；增加关注"公共资源配置与资金管理"评价指标，进行"合法性、及时性、效果性"评价；持续关注"政策性项目与资金管理、政策落实过程管理"评价指标，并在"及时性和合法合规性"的基础上，增加"效果性"评价。

二是完善政策实施结果的审计评价，应增加政策实施结果的绩效评价，包括"经济性、效率性和效果性"评价；持续开展政策实施结果的"完成度"评价，促进政策落实。

三是完善政策措施本身的审计评价，应增加关注"政策措施本身"评价指标，包括"充分性、公平性和适当性"评价；增加政策措施制定的"反馈评估"。

第二，基于政策关系人视角的审计完善策略。

基于责任人视角的审计完善，包括：探索开展责任清单导向审计，明确审计揭示问题的具体责任主体（责任人），进而准确定责或提出审计建议，促进政策落实；审计判断时注意区分不同层级政策执行主体的责任，区分不同政策对各层级主体的不同要求；评价政策制定与执行主体的执行力,进而从责任人能力的视角分析政策执行问题的可能原因,促进政策落实。

基于政策受益人的审计完善,应从政策受益者的角度出发。审计调查"政策享用与惠及群体",获取其"政策回应度",即受益人对政策运行过程与结果的评价,作为该政策审计的评价内容。

第三,基于政策类型视角的审计完善策略。

一是区分是否依托项目(资金)类政策的审计完善。针对依托项目(资金)类的政策审计,继续加强对"政策性项目与资金管理"的问题揭示,并在"合法性、及时性"评价的基础上,增加"效果性"评价;同时增加"公共资源配置与资金管理"评价指标。

针对非项目(资金)类的政策审计,继续加强对"政策落实过程管理"的问题揭示,并在"合法性、及时性"评价的基础上,增加"效果性"评价;同时增加"政策实施结果"的"完成度"评价。

二是区分是否对受益人产生直接效益类政策的审计完善。审计机关应区分是否对受益人产生直接效益的政策,并偏重选择"政策享用与惠及群体"评价指标,进行"政策回应度"评价。

三是区分政策是否属于条文详细具体类政策的审计完善。审计机关应区分政策是否属于条文详细具体类,若中央发布的重大政策属于宏观指导性强,尚需执行主体进一步制定细则和方案的,应首先评价审计对象细化政策的情况,再依据细化条文评价政策的具体落实情况。

第四,基于经济体检视角的审计完善策略。

发挥"查病"作用的审计完善,包括:充分发挥政策执行效果审计的揭示功能,并明确问题责任人,准确定责;增加或强化对"公共资源配置与资金管理、政策性项目与资金管理、政策落实过程管理"的问题揭示;增加对政策执行过程及结果的"经济性、效率性和效果性"问题揭示。

发挥"治已病"作用的审计完善,应当在揭示政策执行问题的基础上,深入分析政策背后的体制机制问题,促进相关制度的完善,进而从根源上"治病"。

发挥"防未病"作用的审计完善，应在揭示与分析问题的基础上，从更宏观、更长远的视角出发，预防"已病"背后的"未病"，保障和促进重大政策措施有效落实。

另外，从审计整改发挥效用的视角，应挖掘问题背后的体制机制问题、流程优化问题进行整改，同时应针对审计揭示问题进行跟踪监督，增加整改问题的公告披露，提升透明度。

从完善审计公告的视角，应增强审计公告的规范化，提升可读性。实践中，审计机关在审计结果公告中对审计内容和审计问题进行分类披露时，存在归类划分不明确、不统一的情况。如相似内容在部分公告中归类为易地扶贫搬迁，在其他公告中列示为项目推进缓慢的内容，两者描述的内容存在重合与交叉，这样的披露方式会影响整体报告的可读性。审计机关应形成明确的内容分类标准，如可以从政策类型进行归类，也可以从问题类型进行归类。

本书主要从政策执行效果审计的结果公告出发，理论联系实践，分析实践现状并有针对性地提出完善策略。本书的不足主要体现在：政策执行效果审计的实践分析部分，由于数据与资料的可获取性，没有涉及实践中的审计人员、审计方法、审计流程与方案等方面，进而缺少对应这些方面的完善建议，这些方面的探讨可以作为后续研究的方向。

附　录

附表1　　　　　　　　减税降费政策审计评价的政策

发文部门	政策依据
全国、地方人大常务委员会（3）	《中华人民共和国行政许可法》《中华人民共和国建筑法》《浙江省安全生产条例》（浙江省人大常务委员会公告2016年第45号）
国务院、国务院办公厅（13）	《中共中央办公厅　国务院办公厅关于转发财政部〈关于治理乱收费的规定〉的通知》（中办发〔1993〕18号） 《国务院办公厅关于清理规范各类职业资格相关活动的通知》（国办发〔2007〕73号） 《中共中央办公厅　国务院办公厅关于印发〈评比达标表彰活动管理办法（试行）〉的通知》（中办发〔2010〕33号） 《国务院办公厅关于印发分类推进事业单位改革配套文件的通知》（国办发〔2011〕37号） 《国务院办公厅转发教育部等部门关于建立中小学校舍安全保障长效机制意见的通知》（国办发〔2013〕103号） 《国务院办公厅关于进一步加强涉企收费管理减轻企业负担的通知》（国办发〔2014〕30号） 《国务院关于印发2015年推进简政放权放管结合转变政府职能工作方案的通知》（国发〔2015〕29号） 《国务院办公厅关于清理规范国务院部门行政审批中介服务的通知》（国办发〔2015〕31号） 《国务院关于第一批清理规范89项国务院部门行政审批中介服务事项的决定》（国发〔2015〕58号） 《国务院办公厅关于清理规范工程建设领域保证金的通知》（国办发〔2016〕49号） 《国务院关于第二批清理规范192项国务院部门行政审批中介服务事项的决定》（国发〔2016〕11号） 《中共中央办公厅　国务院办公厅印发〈关于开展清理和规范庆典、研讨会、论坛活动工作的实施意见〉的通知》（厅字〔2011〕5号） 《中共中央办公厅国务院办公厅转发劳动和社会保障部等部门〈关于积极推进企业退休人员社会化管理服务工作的意见〉的通知》（中办发〔2003〕16号）

续表

发文部门	政策依据
财政部、国家发展改革委（3）	《财政部 国家发展改革委关于发布〈行政事业性收费项目审批管理暂行办法〉的通知》（财综〔2004〕100号） 《财政部 国家发展改革委关于清理规范一批行政事业性收费有关政策的通知》（财税〔2017〕20号） 《财政部 国家发展改革委关于取消、停征和免征一批行政事业性收费的通知》（财税〔2014〕101号）
国家发展改革委（4）	《政府核准投资项目管理办法》（2014年国家发展改革委第11号令） 《国家发展改革委关于进一步放开建设项目专业服务价格的通知》（发改价格〔2015〕299号） 《国家发展改革委办公厅关于印发〈商业银行收费行为执法指南的通知〉》（发改办价监〔2016〕1408号） 《关于清理规范涉企经营服务性收费的通知》（发改价格〔2017〕790号）
财政部（3）	《关于规范电子政务平台收费管理的通知》（财综函〔2011〕14号） 《关于印发〈水土保持补偿费征收使用管理办法〉的通知》（财综〔2014〕8号） 《财政部关于取消、停征和整合部分政府性基金项目等有关问题的通知》（财税〔2016〕11号）
人力资源社会保障部（2）	《人力资源社会保障部关于减少职业资格许可和认定有关问题的通知》（人社部发〔2014〕53号） 《人力资源社会保障部关于公布国家职业资格目录的通知》（人社部发〔2017〕68号）
财政部、国家发展改革委、工业和信息化部（2）	《财政部 国家发展改革委 工业和信息化部关于规范电子政务平台收费管理的通知》（财综函〔2011〕14号） 《财政部 国家发展改革委 工业和信息化部关于开展涉企收费专项清理规范工作的通知》（财税〔2015〕45号）
国家评定部门（1）	《社会组织评比达标表彰活动管理暂行规定》（国评组发〔2012〕2号）
文物局（2）	《文物保护工程监理资质管理办法（试行）》（文物保发〔2007〕14号） 《文物保护工程勘察设计资质管理办法（试行）》（文物保发〔2005〕18号）
住房城乡建设部（1）	《住房城乡建设部关于印发建筑施工企业主要负责人、项目负责人和专职安全生产管理人员安全生产管理规定实施意见的通知》（建质〔2015〕206号）
银监会（1）	《中国银监会关于整治银行业金融机构不规范经营的通知》（银监发〔2012〕3号）

续表

发文部门	政策依据
财政部、 国家发展改革委、 工业和信息化部、 住房城乡建设部（1）	《财政部　国家发展改革委　工业和信息化部　住房城乡建设部关于印发〈清理偿还政府欠款专项工作方案〉的通知》（财建〔2016〕627号）
财政部、 国土资源部、 中国人民银行（1）	《财政部、国土资源部、中国人民银行关于印发国有土地使用权出让收支管理办法的通知》（财综〔2006〕68号）
财政部、民政部（1）	《民政部、财政部关于加强社会组织反腐倡廉工作的意见》（民发〔2014〕227号）
工业和信息化部（1）	《工业和信息化部办公厅关于印发〈工业强基工程实施方案验收评价工作细则〉的通知》（工信厅规〔2016〕91号）
国家档案局（1）	《国家档案局关于严格执行财政部、发展改革委关于取消利用档案收费规定的通知》（档发〔2013〕3号）
国家计委、 国家经贸委（1）	《国家计委、国家经贸委关于停止收取供（配）电工程贴费有关问题的通知》（计价格〔2002〕98号）
地方政府与 相关部门（7）	《天津市新建住宅配套非经营性公建建设和管理办法的通知》（津政办发〔2012〕29号） 《吉林省人民政府关于2014年民生实事的安排意见》（吉政发〔2014〕4号） 《湖南省人民政府关于第一批清理规范59项省政府部门行政审批中介服务事项的决定》（湘政发〔2016〕3号） 《湖南省财政厅　湖南省发展和改革委员会关于清理规范一批行政事业性收费有关政策的通知》（湘财综〔2017〕16号） 《大连市城乡建设委员会、大连市财政局关于取消建设工程劳动保险费统一管理后相关问题的通知》（大建委发〔2017〕20号） 《上海市深基坑工程管理规定》（沪建交〔2006〕105号） 《宁夏建筑工程劳动保险费结余资金处置办法》（宁建发〔2017〕34号）

参考文献

白日玲：《审计机关强化跟踪审计的若干思考——基于大连市审计机关开展跟踪审计的实践》，《审计研究》2009年第6期。

蔡春等：《20国集团国家审计在应对金融危机中的作用与经验借鉴》，《审计研究》2010年第5期。

蔡春等：《构建国家审计理论框架的有关探讨》，《审计研究》2013年第3期。

蔡春等：《政策执行效果审计初探》，《审计研究》2016年第4期。

蔡春等：《政府审计维护国家经济安全的基本依据、作用机理及路径选择》，《审计研究》2009年第4期。

蔡春：《审计理论结构研究》，东北财经大学出版社2001年版。

蔡利、马可哪呐：《政府审计与国企治理效率——基于央企控股上市公司的经验证据》，《审计研究》2014年第6期。

柴严：《中国审计学会跟踪审计理论与实务研讨会综述》，《审计研究》2009年第6期。

陈尘肇：《关于加强转变经济发展方式相关政策执行情况审计监督的思考》，《审计研究》2011年第4期。

陈尘肇：《中国绩效审计研究与实践现状》，《财政研究》2009年第7期。

陈凤霞、张盛楠：《政策执行效果审计研究现状述评》，《会计之友》2018年第3期。

陈丽红等：《国家审计能发挥反腐败作用吗？》，《审计研究》2016年第3期。

陈平泽、方宝璋:《审计如何破解政策落实结构性困境——基于三个支农政策项目资金审计案例的分析》,《审计研究》2015年第2期。

陈英姿等:《国家重大政策措施落实情况跟踪审计管理创新研究》,《审计研究》2017年第3期。

陈振明主编:《公共政策分析》,中国人民大学出版社2003年版。

[美]大卫·沃克:《增强政府绩效、问责和前瞻能力——美国审计长大卫·沃克在南京审计学院的演讲》,《中国内部审计》2007年第11期。

丁煌、定明捷:《国外政策执行理论前沿评述》,《公共行政评论》2010年第1期。

丁煌、定明捷:《"上有政策、下有对策"——案例分析与博弈启示》,《武汉大学学报》(哲学社会科学版)2004年第6期。

定明捷:《中国政策执行研究的回顾与反思(1987—2013)》,《甘肃行政学院学报》2014年第1期。

董萍:《"稳增长政策跟踪审计专家论坛"会议综述》,《财贸经济》2015年第8期。

董维明、冯根福:《国家审计在防范区域金融风险中的作用研究》,《审计研究》2015年第6期。

樊士德:《国家治理现代化视角下政策审计的功能定位与路径选择》,《中国行政管理》2016年第12期。

冯素珍:《金融危机对中国政府审计的启示》,《经济研究导刊》2011年第3期。

冯延超:《政治关联成本与企业效率研究》,博士学位论文,中南大学,2011年。

付宏琳:《美国复苏与再投资政策执行情况跟踪审计及启示》,《审计研究》2016年第6期。

付忠伟等:《重大政策跟踪审计应着眼地方与国家战略的精准对接》,《审计研究》2015年第6期。

郭丹、王芳:《美国政策绩效审计特征与借鉴——以联邦矿工尘肺福利项目审计为例》，王家新主编《中国审计评论》总第 5 辑 2016 年第 1 期，中国时代经济出版社 2016 年版。

何东平：《关于近年来政策执行偏差问题研究述要》，《行政论坛》2006 年第 5 期。

贺东航、孔繁斌：《公共政策执行的中国经验》，《中国社会科学》2011 年第 5 期。

贺东航、孔繁斌：《中国公共政策执行中的政治势能——基于近 20 年农村林改政策的分析》，《中国社会科学》2019 年第 4 期。

黑龙江省审计学会课题组、孙景山等：《基于政策措施落实情况审计实践的思考和分析》，《审计研究》2015 年第 6 期。

金显威：《审计发挥"治已病、防未病"作用的途径》，《审计月刊》2020 年第 3 期。

［英］卡尔·波普尔：《猜想与反驳：科学知识的增长》，傅季重等译，上海译文出版社 1986 年版。

寇永红、吕博：《财政扶贫资金绩效审计工作现状及改进措施》，《审计研究》2014 年第 4 期。

黎仁华等：《跟踪审计的机理与方法研究——基于汶川特大地震灾后恢复重建审计经验》，《审计研究》2011 年第 6 期。

李保伟：《"免疫系统论"视角下的政策绩效审计》，《电子科技大学学报》（社科版）2011 年第 1 期。

李晗、何利辉：《重大政策跟踪审计的实践及完善建议》，《财政科学》2017 年第 5 期。

李江涛等：《经济责任审计运行效果实证研究》，《审计研究》2011 年第 3 期。

李颖：《深化中央部门稳增长等政策措施贯彻落实跟踪审计的思考》，《中国内部审计》2016 年第 6 期。

李越冬等：《最高审计机关在维护财政政策长期可持续性领域的经验与启示——基于 48 个国家最高审计机关的审计实践》，《审计研究》2015 年第 3 期。

李志国：《借助国家审计提升社会主义民主政治的路径》，《劳动保障世界》2016年第17期。

林水波、张世贤:《公共政策》,五南图书出版公司1986年版。

林毅夫:《发展战略、自生能力和经济收敛》,《经济学(季刊)》2002年第1期。

刘波:《政策措施落实跟踪审计的理论与实践研究》,《审计月刊》2016年第11期。

刘国城、黄崑:《扶贫政策跟踪审计机制研究》,《审计研究》2019年第3期。

刘家义:《论国家治理与国家审计》,《中国社会科学》2012年第6期。

刘家义:《认真履行法定职责更好发挥审计监督作用》,《中国审计》2014年第1期。

刘雷等:《政府审计维护财政安全的实证研究——基于省级面板数据的经验证据》,《审计研究》2014年第1期。

刘伦武:《基础设施投资对经济增长推动作用的动态计量模型与分析》,《数理统计与管理》2005年第2期。

刘志红、李镕伊:《开展货币政策执行情况跟踪审计的若干思考》,《审计研究》2012年第6期。

[英]洛克:《政府论(上篇)》,瞿菊农、叶启芳译,商务印书馆1982年版。

马志娟等:《我国国家审计信息需求研究——基于行政权力制衡视角》,《会计研究》2015年第12期。

[法]孟德斯鸠:《论法的精神》上册,张雁深译,商务印书馆1961年版。

牛彦绍:《论政策措施落实情况跟踪审计的内涵和目标》,《河南工业大学学报》(社会科学版)2017年第6期。

钱再见:《论公共政策执行中的偏差行为》,《探索》2001年第4期。

秦荣生:《政府审计新领域:经济政策执行效果审计》,《当代财经》2011年第11期。

邱玉慧等:《基本养老保险政策执行情况审计指标体系研究》,《审计研究》2013 年第 1 期。

邱玉慧等:《面向国家治理的社会保险政策执行情况审计探索》,《审计研究》2012 年第 3 期。

沈翠玲:《西方国家政府绩效审计发展述评》,《财会月刊》2008 年第 35 期。

上海市审计学会课题组、林忠华:《政策措施落实情况跟踪审计实务研究》,《审计研究》2017 年第 3 期。

审计署重庆特派办理论研究会课题组、吕劲松、邓世军:《政策措施落实情况跟踪审计中提高审计判断质量的路径分析》,《审计研究》2017 年第 3 期。

审计署上海特派办理论研究会课题组、居江宁等:《大数据技术在国家重大政策措施落实情况跟踪审计中的应用研究》,《审计研究》2020 年第 2 期。

审计署武汉特派办课题组、程光:《国家重大政策措施贯彻落实情况跟踪审计创新与发展研究》,《审计研究》2018 年第 4 期。

史吉乾:《政策措施落实情况审计的重点和方法探讨》,《审计研究》2016 年第 1 期。

宋依佳:《政策执行情况跟踪审计若干问题探讨》,《审计研究》2012 年第 6 期。

苏孜、王俊锋:《我国重大政策落实跟踪审计绩效评价体系研究》,《财经理论研究》2018 年第 6 期。

谭志武:《政策执行情况跟踪审计若干问题的认识——基于汶川地震灾后恢复重建跟踪审计的实践》,《审计研究》2012 年第 6 期。

唐建新等:《政府审计与国家经济安全:理论基础和作用路径》,《审计研究》2008 年第 5 期。

陶媛婷、王帆:《精准扶贫政策跟踪审计的问责方式与路径》,《财会月刊》2019 年第 17 期。

王勇:《公共政策审计的若干思考》,《审计月刊》2012 年第 10 期。

王彪华:《政策执行情况跟踪审计研讨会综述》,《审计研究》

2012年第6期。

王帆等:《政策跟踪审计评价机制创新——以精准扶贫项目为例》,《财会月刊》2019年第11期。

王帆、谢志华:《政策跟踪审计理论框架研究》,《审计研究》2019年第3期。

王芳、周红:《政府审计质量的衡量研究:基于程序观和结果观的检验》,《审计研究》2010年第2期。

王会金、马修林:《政府审计与腐败治理——基于协同视角的理论分析与经验数据》,《审计与经济研究》2017年第6期。

王慧:《政策措施落实情况跟踪审计理论与实务研究综述》,《审计研究》2017年第2期。

王慧:《政策措施落实情况审计研讨会综述》,《审计研究》2015年第6期。

王平波:《我国政策执行跟踪审计基本问题研究》,《财政研究》2013年第2期。

王善平等:《财政扶贫资金审计监管的"无影灯效应"改进研究》,《湖南师范大学社会科学学报》2013年第4期。

王诗宗:《治理理论及其中国适用性》,浙江大学出版社2009年版。

王士红、潘澳琳:《公共政策审计研究文献述评》,《财会月刊》2021年第12期。

王姝:《国家审计如何更好地服务国家治理——基于公共政策过程的分析》,《审计研究》2012年第6期。

王亚华:《中国用水户协会改革:政策执行视角的审视》,《管理世界》2013年第6期。

[美]威廉·N·邓恩:《公共政策分析导论》(第二版),中国人民大学出版社2002年版。

魏明、席小欢:《政策落实跟踪审计评价研究》,《南京审计大学学报》2017年第6期。

文硕编著:《世界审计史》,中国审计出版社1990版。

吴宾、齐昕：《政策执行研究的中国图景及演化路径》，《公共管理与政策评论》2019年第4期。

吴开明：《政策执行偏差防治路径探析——基于政策执行控制的视角》，《中国行政管理》2009年第1期。

吴少微、杨忠：《中国情境下的政策执行问题研究》，《管理世界》2017年第2期。

徐震：《美国公共政策审计评估：分析与借鉴》，《审计研究》2012年第3期。

颜盛男等：《精准扶贫政策跟踪审计与问责路径研究》，《财会月刊》2019年第2期。

杨柔坚等：《基于大数据的政策跟踪审计方法研究——以就业政策跟踪审计为例》，《审计研究》2020年第4期。

杨英杰、郭瑞：《非居民企业反避税政策存在问题及政府审计发挥作用的路径研究——以"儿童投资主基金税案"为例》，《审计研究》2018年第4期。

岳崴、张强：《普惠金融政策跟踪审计机制构建研究》，《审计研究》2020年第2期。

曾稳祥：《深化政策评估审计 推动完善国家治理》，《审计研究》2012年第4期。

张继勋等：《中美政府绩效审计比较：基于案例的视角》，《审计与经济研究》2006年第2期。

张军等：《中美政策审计比较研究》，《审计研究》2017年第5期。

张强：《美国审计署在贯彻落实产业政策中的作用——以美国审计署对美国制造业重振政策的系列审计为例》，《中国内部审计》2014年第7期。

张润泽：《形式、事实和价值：公共政策评估标准的三个维度》，《湖南社会科学》2010年第3期。

张五常：《五常学经济》（神州增订版），中信出版社2010年版。

张玉强：《政策"碎片化"：表现、原因与对策研究》，《中共贵州省委党校学报》2014 年第 5 期。

赵峰、张晓丰：《科技政策评估的内涵与评估框架研究》，《北京化工大学学报》（社会科学版）2011 年第 1 期。

赵莉晓：《创新政策评估理论方法研究——基于公共政策评估逻辑框架的视角》，《科学学研究》2014 年第 2 期。

郑恒峰：《当前我国政策执行中的阻滞现象分析》，《中共福建省委党校学报》2006 年第 9 期。

郑石桥：《公共政策审计基本逻辑：理论框架和例证分析》，王家新主编《中国审计评论》总第 7 辑 2017 年第 1 期，中国时代经济出版社 2017 年版。

中共中央马克思恩格斯列宁斯大林著作编译局编译：《马克思恩格斯文集》（第七卷），人民出版社 2009 年版。

周德祥：《公共政策评估研究述评》，《宁夏党校学报》2008 年第 2 期。

朱水成：《政策执行的中国特征》，《学术界》2013 年第 6 期。

竺乾威：《地方政府的政策执行行为分析：以"拉闸限电"为例》，《西安交通大学学报》（社会科学版）2012 年第 2 期。

庄垂生：《政策变通的理论：概念、问题与分析框架》，《理论探讨》2000 年第 6 期。

淄博市审计局课题组、侯全明：《"三维"视角下政策措施落实情况跟踪审计分析》，《审计研究》2016 年第 1 期。

Auditing Concepts Committee, "A Statement of Basic Auditing Concepts", *American Accounting Association*, 1973, p. 2.

Brooks K., "Reaping the Benefits of Environmental Auditing", *Internal Auditing*, 2004.

David F., *Philosophy and Principles of Auditing: An Introduction*, Macmillan Education Ltd, 1988.

DeLeon P., "The Missing Link Revisited: Contemporary Implementation Research", *Policy Studies Review*, Vol. 16, No. 3/4, 1999, pp. 311–339.

Evert Vedung, *Public Policy and Program Evaluation*, New Brunswick and London: Transaction Publishers, 1997, pp. 35-92.

Gray R. and Thirty Years of Social Accounting, Reporting and Auditing: What (if Anything) Have We Learnt?", *Business Ethics: A European Review*, No. 1, 2001, pp. 9-15.

John D., Jeffrey P., "Organizational Legitimacy: Social Values and Organizational Behavior", *Pacific Sociological Review*, Vol. 18, No. 1, 1975, pp. 122-136.

Kayrak M., "Evolving Challenges for Supreme Audit Institutions in Struggling with Corruption", *Journal of Financial Crime*, No. 1, 2008, pp. 60-70.

Kimberly A. Fredericks et al., "Program Evaluation in a Challenging Authorizing Environment: Intergovernmental and Interorganizational Factors", *New Directions for Evaluation*, No. 95, 2002, pp. 5-22.

Liu J. and Lin B., "Government Auditing and Corruption Control: Evidence from China's Provincial Panel Data", *China Journal of Accounting Research*, Vol. 5, No. 2, 2012, pp. 63-186.

Li W. and Lu X., "Institutional Interest, Ownership Type and Environmental Capital Expenditures: Evidence from the Most Polluting Chinese Listed Firms", *Journal of Business Ethics*, Vol. 138, No. 3, 2016, pp. 459-476.

Michael S. and David K., *Auditing and Accountability*, Pitman Books Limited, 1983.

Peter A. Stanwick et al., "Cut Your Risks with Environmental Auditing", *Journal of Corporate Accounting & Finance*, Vol. 12, No. 4, 2001, pp. 11-14.

Philippe M. and Ignace B., "Environmental Auditing and the Role of the Accountancy Profession: A Literature Review", *Environmental Management*, Vol. 36, No. 2, 2005, pp. 205-219.

Pressman L. and Wildavsky A., *Implementation*, University of California Press, Berkeley, 1973.

Smith, T. B., "The Police Implementation Process", *Policy Science*, No. 4, 1973, pp. 197-209.

The Commission on Global Governance, *Our Global Neighborhood: The Report of the Commission on Global Governance*, Oxford City: Oxford University Press, 1995, p. 293.

Tom Lee, *Company Auditing*, Van Nostrand Reinhold (UK) Co. Ltd, 1986.